第6卷　2016年3月　Volume 6　March 2016

## JOURNAL OF SOCIETY FOR CHINESE STUDIES LIBRARIANS

主　编　　杨　涛　李国庆
Editors-in-Chief　Tao Yang　Guoqing Li

——中国研究图书馆员学会学刊

广西师范大学出版社
·桂林·

### 图书在版编目（CIP）数据

天禄论丛：中国研究图书馆员学会学刊. 第 6 卷，2016 年 3 月 / 杨涛，李国庆主编. —桂林：广西师范大学出版社，2016.3

ISBN 978-7-5495-7932-7

Ⅰ. ①天⋯ Ⅱ. ①杨⋯②李⋯ Ⅲ. ①社会科学—文集 Ⅳ. ①C53

中国版本图书馆 CIP 数据核字（2016）第 036645 号

天禄论丛
TIANLU LUNCONG

广西师范大学出版社出版发行

（广西桂林市中华路 22 号　　邮政编码：541001）
（网址：http://www.bbtpress.com）

出版人：何林夏
全国新华书店经销
桂林广大印务有限责任公司印刷
（桂林市临桂县秧塘工业园西城大道北侧广西师范大学出版社集团有限公司创意产业园　邮政编码：541100）
开本：787 mm × 1 092 mm　1/16
印张：11　　字数：168 千字
2016 年 3 月第 1 版　　2016 年 3 月第 1 次印刷
定价：42.00 元
如发现印装质量问题，影响阅读，请与印刷厂联系调换。

邱振中先生题词

# 《天禄论丛》编辑委员会

**主　编**

杨　涛　罗格斯大学

李国庆　俄亥俄州立大学

**编　委**

马小鹤　哈佛大学

徐　鸿　香港城市大学

邵东方　美国国会图书馆

蒋树勇　伊利诺伊大学厄巴那香槟校区

郑力人　康奈尔大学

程　洪　加州大学洛杉矶分校

## Journal of Society for Chinese Studies Librarians
## Board of Editors

**Editors-in-Chief**

Tao Yang       Rutgers University
Guoqing Li     Ohio State University

**Members**

Xiaohe Ma        Harvard University
Hong Xu          City University of Hong Kong
Dongfang Shao    Library of Congress
Shuyong Jiang    University of Illinois at Urbana-Champaign
Liren Zheng      Cornell University
Hong Cheng       University of California at Los Angeles

# 卷首语

杨 涛

中国研究图书馆员学会会刊《天禄论丛》2016年卷共收录十篇文章,内容涉及宗教研究、文献研究、民国时期基督教研究、日本侵华史料研究、海外华人研究、语言学研究等领域。

在《苏路支"开化郁多习"溯源》一文中,马小鹤释读了《摩尼光佛》中的四个汉文音译词,分析了摩尼教反对偶像崇拜的多语种的资料,向学术界呈现了作者研究福建霞浦文书的新成果。辨识藏书印文字,是古籍书目编辑工作所需的一项基本技能,《雕虫小记》的作者李国庆,用生动的例子,介绍了自己释读藏书印文字的有益心得。在美国匹兹堡大学东亚图书馆工作的邹秀英,介绍了匹大图书馆近年收入的一批福建地契文书;这批文书,上自明朝,下迄20世纪50年代,其中200余份已经数字化,是中国以外的有关中国土地文书的最大数字馆藏。学界对于美国小型文理学院中与中国有关的特藏还知之不多,陈晰的《发掘瑰宝》介绍了她对80所美国文理学院图书馆的调查,举例描述了这些图书馆中有关中国的各类特藏文献,并分析了这些文献的可发现性和可获得性。美国的史德文医生在清末民初进入四川藏区传教,朱润晓的《史德文在巴塘》一文,通过对相关的档案资料和出版物的综合分析,重现了史德义在巴塘的经历。宋尚节(1901—1944)是民国时期很重要的一位基督教传教士,李唐在《民国基督教先驱再认识》一文中,解读了耶鲁大学神学院图书馆藏宋尚节档案的部分内容,展示了这批资料的研究价值。民国时期,加拿大传教士方修世夫妇在中国生活了26年,刘静解读了方氏夫妇的书信,在《方家旧信话当年》一文中描述了他们在中国尤其是抗日战争时期的经历。2015年是抗日战争胜利七十周年,乔晓勤的《近代史料钩沉》介绍了一本罕见的日文图册《满洲写真大观》,反映了日本于日俄战争后在中国东北的扩张。出生于加拿大的华人林达光20世纪50年代初到中国参与建设新中国,1964年回到加拿大,在麦吉尔大学任教期间促成建立了东亚系,郑美卿的《林达光与麦吉尔大学东亚系》讲述了这段历史。双语字典是文化交流的桥梁,费若仁和郑力人合著的《中西文字典溯源》一文,系统梳理了中西文字典从16世纪到19世纪的发展史。

本卷的十一位作者都在北美学术图书馆工作;除了费若仁,其他都是中国研究馆员。各位作者在繁忙的工作之余,挤出时间从事研究和写作,对于学术事业的执着,可敬可佩。本卷大部分文章描述和解读了特色馆藏和文献,实际上是图书馆员工作的延伸。本职工作和学术研究相辅相成、相得益彰,代表了图书馆员治学的一种成功模式。《天禄论丛》创刊以来,每卷都有相当数量的同人投稿,提升了学会的研究风气。只要我们持之以恒,坚持不懈,不但《天禄论丛》会越办越好,热心学术的学会同人的研究水平也会不断提高。

作为主编,我们特别需要感谢我们的合作伙伴广西师范大学出版社集团有限公司的同人们,尤其是肖爱景和鲁朝阳两位老师。他们的热忱和严谨,是本卷按时出版的保证。希望学会和广西师范大学出版社集团有限公司的合作能够长期持续,产生更多更高质量的学术成果。

# 目　录

## 宗教研究
苏路支"开化郁多习"溯源
——霞浦文书《摩尼光佛》科册研究 ················ 马小鹤/001

## 文献研究
雕虫小记 ················································ 李国庆/016
匹兹堡大学东亚图书馆藏土地契约文献简介 ·········· 邹秀英/034
发掘瑰宝
——探寻美国文理学院中的"中国"特藏 ············ 陈　晰/050

## 民国时期基督教研究
民国基督教先驱再认识:耶鲁神学院图书馆藏宋尚节档案解读
 ···················································· 李　唐/065
史德文在巴塘:初探基督神学院图书馆基督会档案 ····· 朱润晓/078
方家旧信话当年:豫北的加拿大传教士 ················ 刘　静/098

## 日本侵华史料研究
近代史料钩沉:《满洲写真大观》 ······················ 乔晓勤/114

## 海外华人研究
林达光与麦吉尔大学东亚系 ⋯⋯⋯⋯⋯⋯⋯⋯⋯⋯⋯⋯⋯⋯ 郑美卿/123

## 语言学研究
中西文字典溯源 ⋯⋯⋯⋯⋯⋯⋯⋯⋯⋯⋯⋯⋯ 费若仁　郑力人/137

# CONTENTS

## Religion
The Roots of "Converting Idolaters" by Zoroaster: Study on Xiapu manuscript *Moni the Buddha of Light* ·················· Xiaohe Ma / 001

## Documentation
Little Notes on the Insignificant Skills ·················· Guoqing Li / 016
Chinese Land Records at the East Asian Library, University of Pittsburgh ·················· Xiuying Zou / 034
An Analytic Report of Special Collections of China Studies in Liberal Arts Colleges in the U.S. ·················· Xi Chen / 050

## Christianity in the Republican Period
Chinese Christian Leader Revisited: John Sung Papers at the Yale Divinity Library ·················· Tang Li / 065
Dr. Albert L. Shelton in Batang: A Preliminary Examination of Disciple of Christ Archives at Christian Theological Seminary Library ·················· Runxiao Zhu / 078
Canadian Missionaries in North Henan: The Forbes Family ·················· Jing Liu / 098

## Sources on Japanese Invasion of China

Testimony of Colonial Rule: A Brief Introduction of *Manchuria in Picture* ·················································································· Stephen Qiao / 114

## Overseas Chinese

Paul Lin and the Department of East Asian Studies at McGill University
···················································································· Macy Zheng / 123

## Linguistics

A Saga of Chinese-Western Language Dictionaries ································
···························································· Laurent Ferri, Liren Zheng / 137

# 苏路支"开化郁多习"溯源
## ——霞浦文书《摩尼光佛》科册研究

◎ 马小鹤[①]

**摘　要：**

本文对《摩尼光佛》第 525—530 行中的四个汉文音译词作了释读："苏路支"音译安息文 zrhwšt，意为"琐罗亚斯德"；"波斯"音译安息文、中古波斯文 p'rs，意为"波斯"；"波毗"音译安息文、中古波斯文 b'byl，意为"巴比伦"；"郁多习"音译粟特文 yzt'ys，意为"偶像"。辑录和分析了反对偶像崇拜者的摩尼教粟特文、安息文、中古波斯文、汉文、科普特文、希腊文资料。

**关键词：**

摩尼教；琐罗亚斯德教；偶像崇拜者

## The Roots of "Converting Idolaters" by Zoroaster:
## Study on Xiapu Manuscript *Moni the Buddha of Light*

◎ Xiaohe Ma

**Abstract：**

Four Chinese transliterations in lines 525—530 of *Mani the Buddha of Light* are deciphered: *Suluzhi* 苏路支 for Parthian *zrhwšt* "Zoroaster", *Bosi* 波斯 for Parthian/ Middle Persian *p'rs* "Persia", *Popi* 波毗 for Parthian/Middle Persian *b'byl* "Babel" and *yuduoxi* 郁多习 for Sogdian *yzt'ys* "idol". Manichaean Sogdian, Parthian, Middle Persian, Chinese, Coptic and Greek texts

---

① 马小鹤，美国哈佛大学哈佛燕京图书馆中文馆员。

about fighting against idolaters are collected and analyzed.

**Keywords**：

Manichaeism；Zoroastrianism；Idolaters

笔者研读元文琪先生刊布的福建霞浦文书中关于苏路支的资料（元文琪2011,第176—178页。）后,撰写了《摩尼教中的苏路支》,收入《内陆欧亚历史语言论集》。"苏路支"见于姚宽（？—1161）《西溪丛语》,即琐罗亚斯德（Zoroaster）的异译,古阿维斯塔语作"查拉图斯特拉"（Zaraθuštra-）。"苏路支"一名源自安息语（帕提亚语,缩写 Pth.）,米克尔森（G. Mikkelsen）编的《摩尼教汉文文献词典》采用蒲立本（E. G. Pulleyblank）所拟的后期中古音（缩写 LMC.）,这个词条可以拟作：苏路支 Suluzhi ［LMC. suə̆-luə̆-tʂi］／苏鲁支 Suluzhi ［LMC. suə̆-luə̆´-tʂi］＜Pth. zrhwšt ［zarhušt］'Zoroaster'；粟特文文书 TM393 作'zr'wšc,So 18431 等文书作 zr'wšch；回鹘文作 zrušc,发音相近。（马小鹤 2015a。吉田丰 2015,第 51 页注 95,说明其源自粟特语 zrušc。）根据高本汉（B. Karlgren）《汉文典》,"苏路支"中古音为 suo-luo-tśie-,［Karlgren 1972, §67 c (pp.37－38)；§766 l′(p.203)；§864 a (pp.228－229)。］符合摩尼教安息语的读音 zrhwšt ［zarhušt］／中古波斯语（缩写 MP.）的读音 zrdrwšt ［zardrušt］。（DMT. v.3, pt.1, p.384.）

元文琪只挑选了若干资料予以刊布,尚有一些涉及苏路支的文字未曾公之于世。霞浦文书中有一份 82 页（665 行）的抄本,封皮缺失,现封上款题"摩尼光佛",下款题"陈培生存修",笔迹相同,封皮当为陈氏所加。该科册所保存摩尼教之内容较多。承林悟殊先生以释文并跋的电子版相赠,遂得以见到更多涉及苏路支之资料。本文先著录其中涉及苏路支的一节,说明这节文字中的"波斯"、"波毗"（巴比伦）都出自摩尼教胡语文书,进而考证"郁多习"意为"偶像",引申为偶像崇拜者,然后追溯摩尼教开化偶像崇拜者的来龙去脉,分析有关的摩尼教伊朗语、科普特语与希腊语资料,最后概述摩尼教反偶像崇拜的演变。

《摩尼光佛》第 66 页（林悟殊 2015a。吸收包朗先生的若干建议而重新校点。）写道：

525 志心信礼：第二苏路支，救净风性
526 下波斯，开化郁多习，十二现灵奇。
527 威声震，鼻蛇出去昏迷，为有天
528 神像，妖幻徃波毗，放神光照尽崩
529 隳。我今稽首礼，愿降大慈悲。诚信
530 水，[洗尘埃]，荡真(嗔)痴。愿今夜，荐亡灵，生净土。

## 一、苏路支"下波斯"和"妖幻徃波毗"

苏路支"下波斯"（第 526 行）符合摩尼教胡语文献的说法。4 世纪前后在埃及用科普特文撰写的《克弗来亚》比较接近摩尼原来的教义，柏林藏《克弗来亚》导言（K. 7.27－33. Gardner 1995，p.13. 2 Ke 421，28－424，19/G302＋299＋300. Gardner/BeDuhn/Dilley 2015，pp.93－94.）讲到：

> 光明使者——光辉的开化者，[……他来到]波斯（παγλοc），到国王维什塔斯普那里[……他挑选]弟子——真理的善人[……他]在波斯（παγλοc）宣示其希望；但是……查拉图斯特拉（ζαραδηc）（没有）写书。而是由追随他的弟子们回忆起来的；他们写了下来[……]这就是他们今天所读的[……]

柏林藏《克弗来亚》第 1 章和都柏林藏《克弗来亚》第 342 章也讲到查拉图斯特拉到波斯传教。（马小鹤 2014，第 473 页。）

比鲁尼引用摩尼《沙卜拉干》（Birūnī 1878，p.207；Sachau 1879，p.190. 参阅马小鹤 2012c，第 183 页。）说：

> 智慧和（善）行时不时由上帝之使徒带给人类，在一个时代通过使徒佛陀（budd بُدّ）之手带给印度人之地（bilādi l-hindi بلاد الهند），在另一个时

代以查拉图斯特拉(zarādušt زرادشت)之手带给波斯之地('ardi fārisa ارض فارس),在另一个时代通过耶稣('īsā عيسى)之手带给西方之地('ardi l-maɣribi ارض المغرب)。这种启示传承下来,在这最后的时代这个先知的职责传到我手上,我是摩尼(mānī مانى)——真理之神派往巴比伦之地('ardi babila ارض بابل)的使徒。

其他伊斯兰史料也有相关记载。说明摩尼教这一说法对伊斯兰作者来说,是众所周知的。

苏路支"下波斯"的说法在摩尼教中亚资料中也不罕见。比如,安息文文书 M 42 讲述了苏路支(zrhwšt)降临波斯国(p'rs šhrd'ryft),释迦文佛解脱了天竺人的灵魂,耶稣毁灭了耶路撒冷,但是被以色列的子民所害;最后末摩尼来到人间,拯救灵魂。(Boyce 1975, pp.170-173; Klimkeit 1993, pp.124-125.参阅马小鹤 2014,第475-476页。)

古希腊人称居鲁士大帝的帝国为波斯(Περσίς),伊朗人则并不自称为波斯。摩尼心目中的波斯,即西方人所称之波斯。《梁书·西北诸戎传》所记载的"波斯"按之年代,应指萨珊波斯国,中大通五年(533)已经与梁有直接交往。《摩尼光佛》科册中的"波斯"可能沿用古书中已有的译名。根据《汉文典》,"波斯"中古音为 puâ-sie., [Karlgren 1972, §25 l (p.26-27); §869 a (p.230).]符合摩尼教安息语/中古波斯语的读音 p'rs [pārs]。(DMT. v.3, pt.1, p.259.)根据《摩尼教汉文文献词典》的格式,这个词条可拟作:波斯 Bosi [LMC. pua-sẓ] < Pth. /MP. p'rs [pārs] 'Persia', (DMT. v.3, pt.4, p.103.)即"波斯"。

"妖幻徙波毗"(第528行)也出自摩尼教资料。《摩尼光佛教法仪略》写道:"按彼波斯婆毗长历,自开辟初有十二辰,掌分年代。"皮埃什(Henri-Charles Puech)建议,(Puech 1949, p.115, n.109.)这可能音译 Bābēl,这在中古波斯文和安息文中拼作 b'byl。(H/H, pp.196-97, 212.)《摩尼教汉文文献词典》的词条写作:婆毗 Popi [LMC. pɦua-pɦji] < Pth./MP. b'byl [bābēl] 'Babel', (吉田豊 1986, §23。DMT., v.3, pt.4, p.107.)也即巴比伦。

回鹘文文书 T II D 175（新编号 U 4）《关于苏路支佛（Zrušc burxn）与魔鬼的奇文妙语》，讲述了苏路支在巴比伦战胜魔鬼的故事：最大的魔鬼逃到巴比伦（bavïl）城外，躲在一棵树上。这时巴比伦城的人怒气冲天，把狼牙棒和石头扔向苏路支佛。但是，石头砸向他们自己。魔鬼坐在树顶上，想跳下去砸死苏路支佛。这时巴比伦的祭司们张弓搭箭瞄准苏路支佛。但他们的箭转了向，射中了魔鬼的命脉，魔鬼当场毙命。众祭司中的最高者满心惭愧。苏路支佛从他所在的地方站起来，走到巴比伦城中。那里……建立了一座神庙……（Le Coq 1908, pp.398－414. Skjaervø 1996, pp.619－621.）

《摩尼光佛》说"为有天神像，妖幻伜波毗，放神光照尽崩隳"，可能与回鹘文《关于苏路支佛与魔鬼的奇文妙语》同出一源，即都出自一种失传的安息文文书。"波毗"，《汉文典》的中古音作 puâ-b'ji,［Karlgren 1972, § 25 l (pp.26－27); § 566 u (pp.150－151).］音译安息语和中古波斯语的 b'byl［bābēl］。按《摩尼教汉文文献词典》的格式，这个词条可拟作：波毗 Bopi［LMC. pua-pɦji］(Pulleyblank 1991, pp.40, 236.)＜ Pth./MP. b'byl［bābēl］'Babel'；即"巴比伦"。

## 二、苏路支"开化郁多习"

"开化郁多习"（第 526 行）也出自摩尼教资料。"郁多习"显然非汉语，不探索其胡语之源，则无从理解。[①]（DMT, v3, pt4, pp. 109, 107, 103.）笔者在《摩尼教中的苏路支》中翻译了粟特文文书 So 18431、So 18434、So 18435 组成的故事，在这个故事中苏路支和国王维什塔斯普（wyšt'spw）、国王的兄弟扎尔瓦尔（zrwr, 即扎里尔）的两个儿子站在树下，扎尔瓦尔受到警告，如果他射箭，将射死维什塔斯普，但射不到苏路支。扎尔瓦尔不听警告，直接射向苏路支，但

---

① 包朗先生提出："郁多习"与"郁喏夷嚩、郁佛呬不哆、郁于呬"有无对音关系，尤其是与"郁佛呬不哆（意为与爱）"有无对音关系和联系。笔者按："郁"音译中古波斯文和安息文'wd［ud］，意为"与（and）"。"郁喏夷嚩"见《下部赞》第 5 行，"喏夷嚩"意为"永远（eternally, forever）"。"郁佛呬不哆"见《下部赞》第 156－7 行，"佛呬不哆"意为"爱（love）"。"郁于呬"见《下部赞》第 158 行，"于呬"意为"智慧（wisdom）"。

是没有射到。在此波斯英雄扎里尔被描绘成偶像崇拜者,讲到"在一棵树旁有扎尔瓦尔的偶像(yzδ'ys)"。(Sundermann 1986. Skjærvø 1996,pp.617-618. 马小鹤 2015a,第 437-440 页。)摩尼教一方面尊崇苏路支,另一方面将琐罗亚斯德教英雄扎里尔贬低为偶像崇拜者。这只是摩尼教反偶像崇拜的一个例子,移花接木,把其反对偶像崇拜的态度移植到苏路支身上。我们还可以在其他语言中找到更多反偶像的例证。

粟特文文书 So 18224(旧编号 TM 389d)讲摩尼教徒加布里亚布与基督教徒竞争,施行奇迹,救治了雷凡(ryβ'n)国王的女儿,然后他命令基督教徒说:"从此以后不要再为异端[和]偶像(yzt'ys)和妖魔效劳了。"(KG pp.45-49. Klimkeit 1993,pp.209-211.)

"郁多习",《汉文典》中古音为 i̯uət-tâ-zi̯əp[Karlgren 1972,§ 495 b(pp.134-135);§ 3 a(pp.20-21);§ 690 a(pp.181-182).],音译粟特语 yzt'ys。按《摩尼教汉文文献词典》的格式,这个词条可拟作:郁多习 yuduoxi[LMC. ʔyt-tə-sɦip](Pulleyblank 1991,pp.384,85,331.)＜Sogdian yzt'ys 'idol',意为"偶像、邪神";引申为"偶像崇拜者、邪神信徒"。

粟特文 'yztyskt'k 意为"偶像之所、神庙"。(GMS § 104(p.14). DMT. v.3,pt.2,p.43.)粟特文文书 So 18223 和 18222(TM 389c)讲述摩尼弟子阿驮(Addā)在南美索不达米亚与罗马帝国商道上的重镇帕尔米拉(Palmyra,大马士革东北约 215 公里)施行奇迹,治愈了一个女贵族,使当地统治者皈依了摩尼教。文书写道:"晚上,声音……,似乎对他们说……[他们?]站在那里大吃一惊,……偶像神庙('yztyskt'k),墙……那里可能有一个出口。"(KG pp.41-45. Klimkeit 1993,pp.209.)由于此处过于残破,很难释读出完整的文句,但大致意思应该也是说明偶像崇拜不管用,无法治愈病人,只有摩尼教徒施行奇迹才能奏效。

摩尼教中古伊朗语文书还有不少地方谈及摩尼教徒反对偶像邪神和"开化"偶像崇拜者。安息文文书 M 1202 是一份摩尼教咒术文书,对各种宗教因素兼收并蓄,召请耶稣弥赛亚、摩尼和各种护法,声称"[他们将击败]你们所有的魔鬼、夜叉、佩里、德鲁吉、罗刹、黑暗的邪神们('wzdys'n)和罪恶的精灵",

(Henning 1947, p.50. 徐文堪、马小鹤 2004, 第 98 页。)

安息文组诗《胡亚达曼》（*Huyadamān*）第五篇描写灵魂处于水深火热之中，陷入绝望，呼唤"谁将拯救我"，其第 12 节说偶像崇拜者："所有的偶像（'wzdys'n）、祭坛和神像都不能把他们从地狱中拯救出来。"(Boyce 1954, pp.88—89.)

摩尼七部大经之一的《大力士经》尚有残片存世，中古波斯文文书 M 101 即为较长的残片，其残片 b-e-h 叙述：贪魔把五明性（即人的灵魂）囚禁在骨、筋、脉、肉、皮里；五明性对日月呼唤，渴望得到拯救；最高神蔡宛（zrw'n）每个时代都派遣使者来拯救灵魂：塞特、苏路支（zrdrwšt）、佛陀、弥赛亚（mšyh'）等。笔者在《从"五明性"到"五明大供"》一文中将残片 e 译成汉文："……除去。……正义的……善举……明性。王冠、冠冕[……]衣服。七类魔。犹如铁匠束缚与解脱……出自……的种子者……服侍国王……冒犯……垂泪之时……心怀慈悲…… 手…… 敬信者给予……？…… 礼物。有些人埋葬了偶像（'wzdys'n）。犹太人做了善事与恶事。有些人使其神成为半魔半神……除去……七类魔……眼睛……"(Henning 1943, pp.58, 62—63. 马小鹤 2012a, 第 42 页。)。由于文书残破，无法连缀成完整的文句，大概意思是灵魂得到拯救，获得王冠、冠冕、衣服，就像《下部赞》所言："受三大胜，所谓'花冠、璎珞万种、妙衣串佩'"；使者拯救灵魂就像铁匠炼铁，如《摩尼教残经》所言："犹如金师，将欲炼金，必先藉火；若不得火，炼即不成。其惠明使，喻若金师。""有些人埋葬了偶像"即意味着他们摆脱了对邪神的信仰而得救。

中古波斯文文书 M219 则比较完整，这可能是一本插图本的一页，有些地方看来是在解释一幅小图（Boyce 1975, §dl (p.182). Asmussen 1975, p.13.）：

……我们将走出罪人之地而到善人之地去。年轻的弟子说："所有希望和要求这一点的人有福了。"你们也有福了，你们希望能使[你们的]心灵忍耐和理解向你们揭示的东西；教理的欺诈——众神（？）的教导，生命——和死亡，虔敬及其导师——罪恶及其播种者。听着，脆弱的人类！把眼睛和脸转(向这里,看看)在你们面前它怎样被描绘在这里!在这幅图画上有:偶像('wzdys'n)、异教祭司、祭坛及其神。我的心灵要摈弃(出自它们的印象):秘密、职业和对他们的信仰。

我将进行传教……他们像狗一样声嘶力竭。真理不在他们的言辞里。但是你,要有自知之明!走众神的道路!首先,所有这些事情之首画在这里,这是偶像的庙宇('wzdysc'r),他们称之为"众神的居所"。与居所的名字相应,(那里)有许多(?)"神"。许多人奔走于途,当你问:"哪儿去?"他们说:"到'众神的居所'去,到他们面前去致敬、表示爱戴和敬献礼品!"异教祭司提高嗓门大喊:"到'众神的居所'来!"但是,在"众神的居所"里并没有众神!受骗者并不知道,因为他们的精神昏醉不醒。但是你们……

蒙古鄂尔浑河畔喀喇巴喇哈逊(Qara-Balgasun,黑虎城)的汉文《九姓回鹘可汗碑》写道:

□□□□□[摩尼佛]8.师,将睿息等四僧入国,阐扬二祀,洞彻三际。况法师妙达明门,精通七部,才高海岳,辩若悬河,故能开正教于回鹘。[以茹荤屏湩酪]为法,立大功绩,乃[号"默"傒悉德"。于时,都督、刺史、内外宰相、□□□□□□□9.曰:"今悔前非,崇事正教。"奉○旨宣示:"此法微妙,难可受持。"再三恳[恻]:"往者无识,谓鬼为佛。今已悟真,不可复事。特望□□。"□□曰:"既有志诚,往即持受。应有刻画魔形,悉令焚蓺。祈神拜鬼,并[皆摈斥],□□□□10.[持]受明教。"(林梅村/陈凌/王海城1999,第160—161页。)

这里说的"谓鬼为佛"、"刻画魔形"、"祈神拜鬼"都是偶像崇拜。摩尼教伊朗语文书和汉文碑铭中反映的反偶像思想并非波斯、中亚信徒之创新,可以溯源于4世纪埃及的科普特文和希腊文文献。

### 三、溯源科普特文和希腊文文献

残存的《布道书》第 36 页到 37 页描写耶稣重新降临,进行最后的审判:"他将降临,并在人间准备其审判之宝座……偶像(ⲉⲓⲇⲱⲗⲟⲛ)……这个世界的……坚定地站立着……神……确立……慕道友……他们为其教会服务……在他的……在他的左边……来自他之口的判决……然后伟大的光辉者将张开其嘴,他……伟大的、有福的众王之王。"(H. pp.36－37. Gardner & Lieu 2004, p.224.)文书残破,但与《新约·马太福音》25.31－41 对照,即可明白其基本意思:"当人子在他的荣耀中降临,天使簇拥,他将坐上他荣耀的宝座。那宝座下将聚集万族,由他一个个分开,宛如牧人分绵羊与山羊,把绵羊赶到右手,山羊到左手。而后,那王要向立于他右手的说:来吧,我父亲赐福的人,一起承受,那自是从奠基就已经为你们预备的国! ……而后,他要向立于他左手的说:你们走开,受诅咒的,下到那恶魔及其使者的归宿,那永世大火里去吧!"(冯象2010,第 66－67 页。)

《克弗来亚》有数章涉及反对偶像崇拜。第 6 章是关于黑暗王国的。黑暗王国分为 5 个世界——烟、火、风、水和黑暗的世界,分别住着两足、四足、会飞的、会游的和爬行动物。每个世界都有自己的统治者——魔鬼、狮子、鹰、鱼和龙。"风的世界之王是鹰脸的。……它的精灵是偶像崇拜(ⲙⲛⲧⲩⲙⲩⲉⲉⲓⲇⲱⲗⲟⲛ)的精灵,(统治者)每一座庙宇、偶像(ⲙⲁⲛⲉⲓⲇⲱⲗⲟⲛ)的处所、雕像和塑像崇拜的处所、尘世谬误的神龛的精灵们。"(K. 33.19-24. Gardner 1995,p.37.)

第 38 章是关于惠明和使者和圣人的,与敦煌汉文《摩尼教残经》同出一源——摩尼原著《大力士经》。摩尼告诉他的弟子,罪恶以邪恶的物质造立人身,而人类的灵魂是神圣的,出自五明身,即五明性(初人的五个儿子)。只是罪恶征服了灵魂:

它们[……],向灵魂宣示,继续不断地把它引向种种罪恶之事;所有的淫欲之恶,崇拜偶像(ⲉⲓⲇⲱⲗⲟⲛ),错误的观点,耻辱;为奴的耻辱!它被束缚,崇拜那些[……]不会长存的事物;膜拜[……]木制、金制和银制的偶像(ⲉⲓⲇⲱⲗⲟⲛ)。(K. 95.$_{25-31}$, Gardner, 1995, p.100.)

这章将近结束处,摩尼宣示自己的业绩:"我,摩尼一人,我单独来到世上。众多的种族和部落,金子和银子和黄铜[……]红铜,许多赠予和众多的护胸甲和盔甲,千军万马,都降服于我。在熔炉中熔化的有多少种神祇和偶像(ⲙⲛⲧⲉⲓⲇⲱⲗⲟⲛ)!"(K. 100.$_{24-29}$, Gardner, 1995, p.104.)

第91章是关于听者死后,其灵魂能否不经过转世轮回,就升入天堂的问题。弟子问摩尼:"他们当中有些人起先是崇拜偶像(ⲉⲓⲇⲱⲗⲟⲛ)的,顶礼膜拜[……]他们当中另一些人坚信教派的教义,诅咒神。他们亵渎天上的光明给予者。他们中的有些人犯有其它罪行[……]谋杀或通奸罪或[……]和巫术罪或[……]伪证。其它人……这些陷于尘世罪恶行为,如果一个人起先是与它们沉瀣一气的。现在,当某人听到了神的言辞,他以前的罪恶能得到赦免吗,或者他不会得到赦免?"摩尼回答:"要理解这一点:他从出生之日起,到他接受神的希望、摒弃所有的教派和谬误的偶像(ⲉⲓⲇⲱⲗⲟⲛ)之日为止,他犯过罪行,所有这些罪行都会得到赦免。"(K. 231.$_{17-28}$, 232.$_{8-12}$. Gardner, 1995, pp.238-239.)

第120章论明暗二宗,摩尼反驳一元论说:如果一切出自上帝,这个世界上的罪恶从何而来?"那么,告诉我,说谎、伪证、诽谤和控告、为通奸而施行巫术、偷盗、崇拜偶像(ⲙⲛⲧⲣⲉϥϣⲙϣⲉⲉⲓⲇⲱⲗⲟⲛ)、抢劫、烈火、[……]那是在一个人的身体里就像蠹虫一样,人们沉迷于淫荡和乱伦,气喘吁吁,无时安宁,贪得无厌,人会[……]就像他终其一生不会满足,所有这些偶像崇拜(ⲙⲛⲧϣⲙϣⲉⲉⲓⲇⲱⲗⲟⲛ),罪恶的精灵犹如暗夜[……]它们是什么,或者谁把它们植入人心,使人由此而亡,饱受折磨,咎由自取。"(K. 287.$_{4-16}$, Gardner, 1995, pp.288-289.)

第121章将一个可能是食果主义的教派称之为偶像崇拜者

(ⲣⲉϥϣⲙϣⲉⲉⲓⲇⲱⲗⲟⲛ)。(K. 288.19—24. Gardner，1995，p.290.)① 科普特文 ⲉⲓⲇⲱⲗⲟⲛ 源自希腊文 εἴδωλον，我们可以进一步追溯摩尼教反偶像崇拜的希腊文资料。

希腊文《科隆摩尼古卷》提供了珍贵的关于摩尼生平，特别是早期生活的资料。摩尼从4岁起就跟随其父生活在犹太教化的基督教异端净洗派中，自称12岁时受到神我的启示，与净洗派渐行渐远，发生过多次争论，最后分道扬镳。其中一个争论是：净洗派反对吃麦饼，摩尼则不同意，认为吃麦饼并不违背救世主的教导，他举了耶稣的例子：

……就像书上写的："当他祝福时，他给他的门徒们。他对饼祝福，把饼给他们。"这饼不是小麦做的吗？它也显示他与税吏和偶像崇拜者（εἰδωλοάτρης）坐在一起。与此类似，他被邀请到马大和马利亚家里去。当马大对他说："（主，）你不在意（我）吩咐我的（妹子）来帮助我？"救世主对她说："马利亚已经选择了（上好的）福分，它是不会被夺去的。"

因此，看，救世主的门徒们也与偶像崇拜者（εἰδωλοάτρης）和妇女一起吃饭。他们并不把饼与饼区别开来，或者把蔬菜与蔬菜区别开来，他们也并不像你们今天这样靠在土地上劳作，耕耘收获，聊以糊口。(Cameron/Dewey 1979，PP. Gardner/Lieu 2004，PP.62—63.)②

## 四、结语

《摩尼光佛》科册第525—530行讲到的"苏路支"即琐罗亚斯德；"下波斯"即其在波斯传教；"开化郁多习"意为苏路支使偶像崇拜者改宗；"妖幻徉波毗，

---

① 这个教派的名称 ⲛⲟⲃⲉ 意义不确定，可能意为"篮子"，推测这是一个主张以吃水果为生的教派。

② 耶稣分麦饼给门徒们的故事参阅《马太福音》26:26；《马可福音》14:22；《路加福音》22:19。马大与马利亚的故事参阅《路加福音》10:38—42。

放神光照尽崩隳"意为妖魔前往巴比伦,最终被征服。这些内容均源自摩尼教资料,折射了摩尼教所理解的苏路支。教化偶像崇拜者的思想不仅见于中亚的伊朗语资料,而且可溯源于摩尼教科普特文和希腊文资料。

从现存的希腊文《科隆摩尼古卷》来看,摩尼年青时与净洗派决裂之前,对偶像崇拜者的态度比较宽容,认同耶稣及其门徒与偶像崇拜者坐在一起、从他们接受食物的做法。摩尼在建立自己的世界性宗教时,把偶像崇拜作为反面力量,在其教义中,黑暗王国的风的世界之王的精灵是偶像崇拜。偶像崇拜是与谋杀通奸一样严重的罪行。听者在改宗摩尼教之前曾崇拜偶像可以得到赦免。但是终生崇拜偶像者则在最后审判之际,会陷入永世大火之中。

摩尼在传教的过程中,与基督教争夺教徒,遂暗中将基督教教士贬低为偶像崇拜者,这反映在粟特文文书 So 18224 中。摩尼在波斯与琐罗亚斯德教祭司斗争失败被杀之后,摩尼教徒对琐罗亚斯德教祭司及其推崇的英雄的态度绝然改变,将其贬为偶像崇拜者,这反映在粟特文文书 So 18434 之中。摩尼教承认基督教、琐罗亚斯德教的教主耶稣与苏路支为先知,为摩尼的先驱,自认为苏路支、耶稣的真正继承者,在现实生活中与基督教、琐罗亚斯德教争夺信徒。由于琐罗亚斯德教、基督教都是相当强大的"高级宗教",摩尼教的这种斗争苦难重重,难以获胜。只有在回鹘汗国,摩尼教的主要对手是比较原始的萨满教,反对的是萨满教崇拜的各种偶像,才取得了比较可观的成功,《九姓回鹘可汗碑》就反映了这种胜利。

## 参考文献

2 Ke:*Kephalaia* vol. 2:"Kephalaia of the Wisdom of My Lord Mani"(eds. Gardner, BeDuhn, and Dilley, in progress)

Asmussen 1975:Asmussen, Jes P. *Manichaean Literature*:Representative Texts Chiefly from Middle Persian and Parthian Writings, New York, 1975.

Bīrūnī 1878:Bīrūnī, Muhammad ibn Ahmad, Chronologie orientalischer Völker, von Albêrûnî ; herausgegeben von C. Eduard Sachau. Leipzig:Brockhaus, 1878. http://nrs.harvard.edu/urn-3:HUL.FIG:002267088

Boyce 1954:Boyce, M., The Manichean Hymn-Cycles in Parthian, Oxford University Press, 1954.

Boyce 1975: Boyce, M., A Reader in Manichaean Middle Persian and Parthian, Brill, 1975.

BSO(A)S.:Bulletin of the School of Oriental (and African) Studies, University of London.

Cameron/Dewey 1979: Cameron, Ron & Arthur J. Dewey, The Cologne Mani Codex (P. Colon. Inv. Nr. 4780) "Concerning the Origin of his Body", Scholars Press, 1979.

DMT.*Dictionary of Manichaean Texts*, Turnhout: Brepols; NSW, Australia: Ancient History Documentary Research Centre, Macquarie University, 1998－2006. vol. 1. Texts from the Roman Empire: texts in Syriac, Greek, Coptic, and Latin, compiled by Sarah Clackson, Erica Hunter, and Samuel N.C. Lieu; in association with Mark Vermes －－ vol. 2. Texts from Iraq and Iran: texts in Syriac, Arabic, Persian and Zoroastrian Middle Persian, edited by François de Blois and Nicholas Sims-Williams; compiled by François de Blois, Erica C.D. Hunter, Dieter Taillieu －－ vol. 3. Texts from Central Asia and China, edited by Nicholas Sims-Williams. pt. 1. Dictionary of Manichaean Middle Persian and Parthian, by Desmond Durkin-Meisterernst －－ pt. 2. Dictionary of Manichaean Sogdian and Bactrian, by Nicholas Sims-Williams and Desmond Durkin-Meisterernst －－ pt. 4. Dictionary of Manichaean texts in Chinese, by Gunner B. Mikkelsen.

冯象 2010:冯象. 新约. 伦敦:牛津大学出版社,2010 年。

Gardner 1995:Gardner, I., The Kephalaia of the Teacher, Brill, 1995.

Gardner/BeDuhn/Dilley 2015: Gardner, Iain, Jason BeDuhn & Paul Dilley, Mani at the Court of the Persian Kings, Leiden/Boston: Brill, 2015.

Gardner/Lieu 2004: Gardner, Iain, & Samuel N. C. Lieu, Manichaean texts from the Roman Empire, Cambridge; New York: Cambridge University Press, 2004.

GMS.Gershevitch, I., A Grammar of Manichaean Sogdian, Oxford, 1954.

H.*Manichäische Homilien*, hrsg. Von Hans Jakob Polotsky, Stuttgart, 1934.

H/H.Haloun, G., & W. Henning, "The Compendium of the Doctrines and Styles of the Teaching of Mani, the Buddha of Light", *Asia Major* III, 1952, pp.184－212.

Henning 1943:Henning, W. B., "The Book of the Giants", *BSOAS* 11, 1943, pp. 52－74.

Henning 1947：Henning, W. B., "Two Manichaean Magical Texts, with an Excursus on the Parthian ending-ēndēh", *BSOAS* 12, 1947, pp.39—66.

K.*Kephalaia*, ed. H.-J. Polotsky and A. Böhlig, Stuttgart, 1940.

Karlgren 1972：Karlgren, B., Grammata Serica Recensa, Stockholm：Museum of Far Eastern Antiquities, 1972.

KG：Sundermann, W., Mitteliranische manichäische Texte kirchengeschichtlichen Inhalts, (Berlin Turfantexte XI), Berlin, 1981.

Le Coq 1908：Le Coq, A. von, 1908. "Ein manichäisch-uiguisches Fragment aus Idiqut-Schāhri", *SPAW*, pp.398—414.

Klimkeit 1993：Klimkeit, H.-J., Gnosis on the Silk Road ：Gnostic texts from Central Asia, translated & presented by Hans-Joachim Klimkeit.［San Francisco, Calif.］：HarperSanFrancisco.

LMC.Late Middle Chinese［根据 Pulleyblank, Edwin G.（Edwin George）, Lexicon of reconstructed pronunciation in early Middle Chinese, late Middle Chinese, and early Mandarin, Vancouver：UBC Press, 1991.］

林梅村/陈凌/王海城 1999：林梅村,陈凌,王海城.九姓回鹘可汗碑研究.欧亚学刊.第一辑(1999年)第151—171页.

林悟殊 2015：林悟殊.华化摩尼教补说.兰州：兰州大学出版社,2015年.

林悟殊 2015a：林悟殊.摩尼光佛释文并跋.载林悟殊 2015,第 457—492 页.笔者草此文时,尚未得见原书,承林悟殊先生于 2015 年 5 月 27 日将此文通过电子邮件发给笔者,特此致谢.

马小鹤 2012a：马小鹤.从"五明性"到"五明大供".史林.2012 年第 1 期,第 36—47 页。

马小鹤 2012c：马小鹤.摩尼光佛新考——福建霞浦民间宗教文书研究.西域文史.第 7 辑(2012 年 12 月),第 181—197 页。

马小鹤 2014：马小鹤.摩尼教中的释迦文佛——福建霞浦民间宗教文书研究.西域历史语言研究集刊.第 7 辑(2014 年),第 469—482 页。

马小鹤 2015a：马小鹤.摩尼教中的苏鲁支；许全胜,刘震.内陆欧亚历史语言论集——徐文堪先生古稀纪念.兰州：兰州大学出版社,2015 年,第 425—447 页。

MP. Middle Persian

Pth. Parthian

Puech 1949：Puech, Henri-Charles, Le manichéisme. Son fondateur, sa doctrine, Paris：

Civilizations du Sud, 1949.

Pulleyblank 1991: Pulleyblank, Edwin G. (Edwin George), Lexicon of reconstructed pronunciation in early Middle Chinese, late Middle Chinese, and early Mandarin, Vancouver: UBC Press, 1991.

Sachau 1879: Sachau, C. Edward, The chronology of ancient nations: an English version of the Arabic text of the Athâr-ul-Bâkiya of Albîrûnî, or, "Vestiges of the past," collected and reduced to writing by the author in A.H. 390—1, A.D. 1000, translated and edited, with notes and index, by C. Edward Sachau. London: Published for the Oriental Translation Fund of Great Britain & Ireland by W.H. Allen, 1879.

Skjærvø 1996: Skjærvø, Prods Oktor, "Zarathustra in the Avesta and in Manicheism. Irano-Manichaica IV", Convegno internazionale sul tema La Persia e l'Asia Centrale da Alessandro al X secolo, Accademia nazionale dei Lincei, in collaborazione con l'Istituto Italiano per il Medio ed Estremo Oriente (Roma, 9—12 novembre 1994). Roma: Accademia nazionale dei Lincei, 1996. pp.597—628.

SPAW. Sitzungsberichte der Preussischen Akademie der Wissenschaften. Philosophisch-Historische Klasse. Berlin.

Sundermann 1986: Sundermann, W., "Bruchstücke einer manichäischen Zarathustralegende", in *Studia grammatica Iranica*: Festschrift für Helmut Humbach, herausgegeben von Rüdiger Schmitt und Prods Oktor Skjaervø, München: R. Kitzinger, 1986. pp.461—82.

徐文堪/马小鹤 2004:徐文堪,马小鹤.摩尼教"大神咒"研究——帕提亚文文书 M1202 再考释.史林.2004 年第 6 期,第 96—107 页。

吉田豊 1986:吉田豊.漢訳マニ教文獻における漢字音寫され中世イラン語について(上).内陸アジア言語の研究.II (1986[1987]),第 1—15 頁,及图版。

吉田豊 2015:吉田豊・古川攝一.中国江南教マニ絵画研究.京都:临川书店,2015 年。吉田豊以此书相赠,特此致谢。

元文琪 2011:元文琪.福建霞浦摩尼教科仪典籍重大发现论证.世界宗教研究.2011 年第 5 期,第 169—180 页。

# 雕虫小记

◎ 李国庆[①]

**摘　要**：

本文是个人辨释中文古籍上的藏书印文字,以及追索印主的或成功或失败的经验记录。按中国学术传统,相对于"明明德"和"止于至善"的"大学"而言,文字学只是基础,故称之为"小学"。不过我们这一批人,现代化的大学都读过了,传统的"小学"往往并不通。笔者就是如此,在实践当中深感有补课的必要。把这数条"雕虫小记"借学刊发表,供正在或将要编辑古籍书目的东亚同人指正。

**关键词**：

藏书印；古文字；篆籀；藏书家；印鉴数据库

## Little Notes on the Insignificant Skills

◎ Guoqing Li

**Abstract**：

This small article reveals my successes and failures in recognizing the ancient characters on traditional Chinese books and on some book collection seals, and in tracing the owners of some seals. The skill of studying Chinese characters used to be called "elementary", or a literary skill of no high order. However, it is still very useful in dealing with traditional Chinese books. My experience may be of some value to our colleagues who is going to compile descriptive catalog of ancient Chinese books hold by their libraries.

---

① 李国庆,美国俄亥俄州立大学教授,图书馆中韩文部主任。

Keywords:

Ancient Chinese character; Seal script; Collection seal; Seal databases

## 一、寉庄馆、松庄馆

2011年10月,应台湾大学中文系康韵梅教授之邀,给她的学生讲"《绿野仙踪》的研究现状和前景——兼述美国学界研究、翻译明清小说之近况",得以结识时任该系教授的张宝三先生。张先生学养深厚,著作等身——他的办公室里真的堆满了他编著的书,几无容身之地——赠我一本《台湾大学图书馆藏珍本东亚文献目录——日本汉籍篇》,题词签名后翻到彩页①,找出下列这方藏书印,说他们馆按照《香港中文大学图书馆古籍善本书录》的著录,把《文体明辨》上所钤的这方印断为了"寉庄馆森川氏藏书记"。后来看到我编的《美国俄亥俄州立大学图书馆中文古籍书录》,也著录了这方印,但释为"松庄馆森水氏藏书记"②,不知是什么根据。拙编是近十年前所做,已印象不清,就坦白说,"水"明显是形误,亦或是手民所为;"松"、"寉"二字明显不同,必有道理,但不记得了。

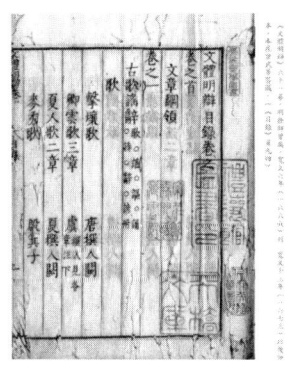 

---

① 张宝三主编,住吉朋彦、蔡碧芳编辑:《台湾大学图书馆藏珍本东亚文献目录——日本汉籍篇》,台北:台湾大学出版中心,2008,第63页。

② 李国庆编著:《美国俄亥俄州立大学图书馆中文古籍书录》,桂林:广西师范大学出版社,2003,第79页。

回家后一查，该印见于我馆所藏的清光绪二年(1876)黄氏家塾重刊本《两当轩集》，一共钤有"鬓丝禅侣""键"和"松庄馆森川氏藏书记"三方印。当年我也确实为此字伤了点脑筋，最后看到《康熙字典》，"松"古文作"案、㮔"，就那样断了。当时信心十足，如今却忐忑起来，不敢就这样告知张教授。再查《香港中文大学图书馆古籍善本书录》，果然找到该馆所藏《南宋书》上这方印，确实著录为"窠庄馆森川氏藏书记"①。再翻检北美其他图书馆已出的善本书志，发现《美国哈佛大学哈佛燕京图书馆中文善本书志》第1226种《阳明先生文录》钤有一印，"窠庄馆森化氏藏书记"②。"化"当是形误，故可断定是同一方印。《柏克莱加州大学东亚图书馆中文古籍善本书志》所载第777种书《缀白裘十二编》上也有，编者看来比较谨慎，记为"□庄馆森川氏藏书记"③，是待考的意思。然这么多图书馆都记为"窠"，应当也有所本吧？柏克莱的那本书上同时还有一方"鬓丝禅侣"印，这是我馆那本书上也有的。经查"鬓丝禅侣"是日本明治、大正年间汉诗人森川竹磎(1869—1917)的别号。于是我就想到了找有关日本藏书印的资料来求证。中国出的《日本藏书印鉴》④未收。又翻了数本日本出的藏书印谱，终于在《新编藏书印谱》⑤上找到了森川竹磎用过的三方印，释文分别是"窠庄馆森川氏藏书记"、"鬓丝禅侣"和"森川键印"。

看来这就是上述各图书馆著录的依据了。日本学者做学问的认真是有名的，思之不禁气馁：看来是我判断错了！不过且慢，我也在日本藏书印谱中找到一个古文"窠"字入印的证据。那是在《近世名家藏书印谱》上⑥，两方间部诠胜的印中(见下图左一、二)。其"窠"字造型跟"松庄馆"的只差一"点"。再查《金石大字典》，这一点也是有先例的(下右)。

---

① 香港中文大学图书馆编：《香港中文大学图书馆古籍善本书录》(增订版)，香港：中文大学出版社，2001，第51页。
② 沈津：《美国哈佛大学哈佛燕京图书馆中文善本书志》，上海：上海辞书出版社，1999，第689页。
③ 柏克莱加州大学东亚图书馆编：《柏克莱加州大学东亚图书馆中文古籍善本书志》，上海：上海古籍出版社，2005，第377页。
④ 林申清编著：《日本藏书印鉴》，北京：北京图书馆出版社，2000。
⑤ 渡边守邦、后藤宪二编著：《新编藏书印谱》，东京：青裳堂书店，2001，第485页。
⑥ 林正章：《近世名家藏书印谱》，东京：青裳堂书店，1982，第35页。

尽管如此,我觉得要定成铁案,最好还是能确定松庄馆跟森川竹磎的关系。可是中日文工具书中对此人的介绍极简,姓氏、生卒也不统一,罗列的名号不少,有键藏、云卿、竹磎、鬖丝禅侣等,就是没有松庄馆。

因此,我迟迟没有回复张宝三先生,一拖三年。2014年11月,在中山大学举办的"第二届中文古籍整理与版本目录学国际学术研讨会"上跟张先生再度相逢。他告知已离开台大,任教于明道大学了,还继续在努力撰写芝加哥大学东亚图书馆经部善本书志。他没有问我寻觅松庄馆的结果,或许是早已忘了。我也没好意思提,只是心里惭愧。回美后再做努力,有道是皇天不负苦心人,这次查到了立命馆大学文学部教授萩原正树刚刚发表的大作《汉诗文杂志〈箖竹新志〉——竹磎诗拾遗》①。汉诗文杂志《箖竹新志》的发行所名"松庄馆",根据他的考证,乃是竹磎之父庄次郎的室号。萦绕心头三年的疑案终于有了结果,今年夏天再见张先生可以交代了:该字可以断定是"松",而台大、香港中大、柏

---

① 《立命馆白川静纪念东洋文字文化研究纪要》第8号,2014年7月25日发行,第89—126页。

克莱、哈佛燕京和本校的五种书原来都是森川家的旧物。

## 二、蠔山木亭、蠔山飞亭

海外图书馆所藏中文古籍,多有经日本人收藏过的。上述五部书都为森川家旧物就是一例。这些书上的藏书印,有的很明显是中日兼有。如我馆一部清乾隆七年(1742)刊的《钦定授时通考》上,有"今关天彭之印"和"夥山李氏藏书"两方印。前者是日本名人,藏书有不少到了柏克莱;后者的书据中国学者刘蔷研究,被杨复"丰华堂"收去,后于1929年被清华大学图书馆购得[①]。顺便说一句,柏克莱善本书志所载第434号《艺文类聚一百卷》上也有该印,但断为"夥山李氏藏书",当为形似之误[②]。有的则很难确定是哪国藏家的,如"夜雨亭"、"紫砚楼"之类。前者《美国哈佛大学哈佛燕京图书馆中文善本书志》著录的好几种书上有,后者我只看到《柏克莱加州大学东亚图书馆中文古籍善本书志》所载的第719号《才调集补注十卷》上有[③]。我馆有清绿荫堂刊本《词综》一部,钤有"苏州绿荫堂鉴记精造书籍章"和"有水可渔"印(见下左图)。这方闲章从字意是分辨不出其主人之身份的,经查属于日本著名作家幸田露伴(Koda Rohan,1867—1947)[④]。我馆藏的一部日本嘉永二年(1849)浪华书房刊本《浙西六家诗评》上有一方印,我当年释为"李蹊氏藏书记"(见下右图),现在发现台湾东海大学馆藏的一部和刻本《圆机活法》上也有这方印,然断为"字蹊氏藏书记",不知何据。想来他们觉得"字蹊"比"李蹊"更像日本姓氏,这我也同意;而那两个字的篆文实在区别甚小。但没有任何其他资料可参考,只能存疑了。

---

① 刘蔷:《杭州丰华堂藏书考》,《清华大学学报(哲学社会科学版)》1998年第13卷第1期,第77—80页。
② 柏克莱加州大学东亚图书馆编:《柏克莱加州大学东亚图书馆中文古籍善本书志》,上海:上海古籍出版社,2005,第210页。
③ 同上,第339页。
④ 中野三敏编:《近代藏书印谱》,东京:青裳堂书店,1984,不标页码。

另外就是古代的、著名的藏书家的印比较好查找对比,近代的、不太知名的就缺乏资料了。中国浙江图书馆已建成的"中国历代人物印鉴数据库"①收录中华历代人物2192位,印鉴35601方,包括了纸本的《中国鉴藏家印鉴大全》和《中国藏书家印鉴》等内容,查古代著名藏书家的印还算方便。台北大学古典文献与民俗艺术研究所更进一步,建立"中国历代藏书印记检索系统"②,宣称要包括中国(大陆和台湾地区)和日本的资料,只是目前看来尚在起步阶段,也局限于古代和著名者。当然这是从使用者的角度来说,自然是多多益善,有点苛求了。事实是收集藏书印大不易,他们的努力绝对值得肯定,何况两者还都是免费开放的呢。日本也有一些在线工具,如"芦田文库藏书印记一览"③,不过恕我孤陋寡闻,好像还没见到如中国那样相对全面而丰富的数据库。

所以有好多印章,中日方面都有,至今也没有考察出主人。这里主要说日本的吧。日前校订匹兹堡大学东亚馆所藏中文古籍书录,一本清同治十三年(1874)湖北崇文书局刻的《说文引经考证》和一本清光绪二年(1876)洞庭秦氏麟庆堂刻的《钟鼎字源》(下左图),都钤有一方随形印(下中图),我释为"日本蠔山飞亭寓架"。这次翻检各家著录,发现斯坦福大学图书馆所藏的一本《天津县志》上也有同样的印,但释为"日本蠔山木亭寓架"④。我又求助于《金石大字典》,也找到了根据,但是没能找到资料帮我确定"蠔山飞亭"是哪个人的室名或堂号,只好待考了。

---

① http://diglweb.zjlib.cn:8081/zjt3g/zgjcj/index1.htm
② http://120.126.128.164:82/LSS/Default.aspx
③ http://www.lib.meiji.ac.jp/ashida//display/inki/index.html
④ 马月华编著:《美国斯坦福大学图书馆藏中文古籍善本书志》,桂林:广西师范大学出版社,2013,第49页。

## 三、江绍杰汉珊父

台湾大学图书馆藏有一种元版《集千家注分类杜工部诗》(下图左),目录首页钤印多枚[1],其中包括杨以增、杨绍和父子的两方,是知曾被聊城海源阁藏过。编者住吉朋彦和蔡碧芳只著录为"杨绍和旧藏",可能是因为海源阁的名气大。另一方印我在匹兹堡大学东亚馆藏的清康熙四十六年(1707)扬州诗局刻本《全唐诗》(下图右)上见过,释为"旌德江绍杰汉珊父考藏"(下图中)。这就没有任何一家印谱或资料库著录和收录了。按:江绍杰(1877—1932),字汉珊,安徽旌德人,清光绪三十年(1904)甲辰科进士,毕业于日本法政大学,曾任吏部

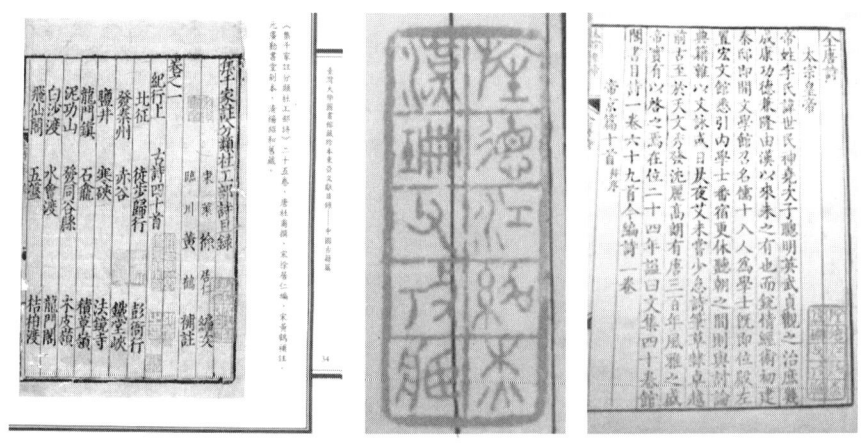

---

[1] 张宝三主编,住吉朋彦、蔡碧芳编辑:《台湾大学图书馆藏珍本东亚文献目录——日本汉籍篇》,台北:台湾大学出版中心,2008,第34页。

学治馆教习、江苏高等检察厅检察长、政治会议议员、安徽省省长等职,算是清末民初的一个重要人物,但不以藏书闻世。从时间上推断,他或许是这两本书流出海外之前最后的藏家。至于他是如何得到海源阁藏书的也待考。

**四、有福读书堂**

海外图书馆所藏中文古籍来自大陆的自然更多,其中不乏出自名门者。幸运的集中在某一馆,不幸的则散在多处,时过境迁,流布踪迹难寻。如匹兹堡大学东亚馆藏有一种《元丰类稿》的乾隆癸未(二十八年,1763)刻本,钤有一方"真州吴氏有福读书堂藏书"印(见下图),是知为测海楼旧物。查《美国哈佛大学哈佛燕京图书馆中文善本书志》,有六种书上有这方印章[1];《美国斯坦福大学图书馆藏中文古籍善本书志》著录的第 119 号明版《容台文集》上也有这方印[2]。北京大学图书馆前辈沈乃文先生为该善本书志所作的序言,梳理了该馆有中、

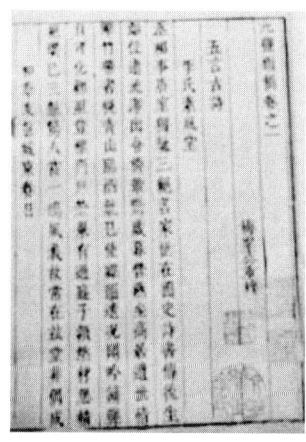 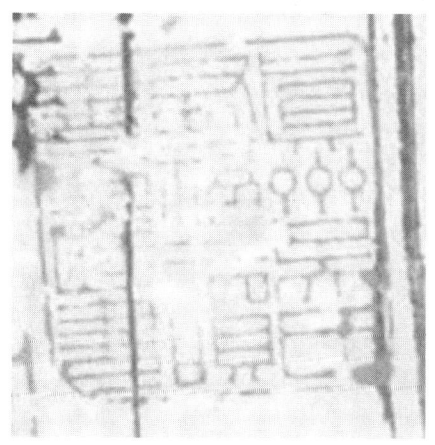

---

[1] 沈津:《美国哈佛大学哈佛燕京图书馆中文善本书志》,上海:上海辞书出版社,1999。第 0285、0334、0510、0608、0670、1050 号。

[2] 马月华编著:《美国斯坦福大学图书馆藏中文古籍善本书志》,桂林:广西师范大学出版社,2013,第 171 页。

日大藏书家钤印的书,考证详明,读后受益匪浅。我注意到他未提及测海楼,大约是相对其他历史悠久、声名煊赫者,扬州测海楼时代较近,其藏书在扬州存世仅短短二十七年(1904—1931)的缘故吧。其主人为吴氏兄弟,兄名引孙字福茨(1851—1920),弟名筠孙字竹楼(1861—1917),均光绪间扬州闻人。吴引孙于光绪五年(1879)中举,后官浙江宁绍道;吴筠孙于光绪十四年(1888)中举,又于光绪二十年(1894)成为进士,后官湖北荆宜道。测海楼仿宁波"天一阁"而建,上层存24万余卷书,底层名"有福读书堂",为子孙读书之处。测海楼藏书不乏善本,尤以明刊本为多。1927年为军阀偷走了一部分,其余8020多种在1931年被北京富晋书社以四万元收购,后来大宗转售于北京图书馆、上海涵芬楼和中华书局图书馆等单位,售余之书则在上海汉口路富晋书社分店零售,从此流散于天涯海角。1931年富晋书社曾编有《扬州吴氏测海楼藏书目录》石印7卷本,目录学家陈乃乾据此编有《测海楼旧本书目》四卷附录一卷,慎初堂铅字排印本。据中国当今藏书大家韦力先生说,有福读书堂藏书有个特征,就是印章边上会注明此书多少钱买到的[①]。我在匹兹堡大学的书上没看到,不知哈佛燕京和斯坦福的书上是否有。旧书商为得善价而造假的事常有,北美这批书是否为他们的"杰作"呢?

## 五、绍和筑岩、绍和筠岩,长羲□印、长义之印

台湾大学图书馆《集千家注分类杜工部诗》上杨绍和的藏书印"绍和筠岩"(如下左图),不少人释为"绍和筑岩",当为形近,又不知杨绍和字彦合,一字念微,号勰卿,又号筠岩的缘故。《中国藏书家印鉴》[②]著录了两方,都作"筑岩",

---

① 参见《测海楼:每部古书上都标明价格》,http://bbs.shucw.com/thread-4051-1-1.html."测海楼旧藏之本基本都钤有'真州吴氏有福读书堂',有意思的是,这方藏印的旁边一定会有用蝇头小楷写的价格,我问过一些老先生,他们说这个价格是书楼主人买到书时的书价,那为什么要把这个价格写在书上,却没人解释得清楚。钤有这方藏印的测海楼旧藏我大概有十余部,在市面上我也看到过二三十部,基本上都是这个格式。"

② 林申清编著:《中国藏书家印鉴》,上海:上海书店出版社,1997。

又被浙江图书馆的"中国历代鉴藏家印鉴数据库"①照收了。

印章用字多求古雅，分章布白，巧妙取势，故字形多变，辨认不易，稍一不慎，即会出错。这次翻检诸书志、印谱，发现不少可商榷的释文。如上右图之"长义之印"，林申清释为"长義□印"②，乃是因"义"之繁体与"羲"相近而误。印主为江户时代彦根藩主井伊直弼的藩士长野主膳(1815—1862)，又名长野义言，是知当为"义"。

### 六、姓—氏，乃—迺，多—有，挣—扱，收—改

又，林申清同书收有蒹葭堂主木村孔恭的一方"木姓秘玩"印（下左一），其释为"木氏秘玩"③，不应是形误。难道日文"姓""氏"两字通用？类似的情况亦见于日本出的印谱。如下左二④，也是长野义言的藏书印，大多释为"桃乃舍"。讲谈社的《日本人名大辞典》说长野义言号"桃迺舍"⑤。"乃""迺"是通的，可以理解。然也有说是"桃之舍"的⑥，或许意思一样，也通？同书，新井白石的藏书印（下左三），其释文为"家多赐书，门无俗客"⑦，我认为是"家有赐书"的形近之误。本馆藏的清绿荫堂刊本《国朝词综》和《词综》上都有的"有水可渔"印，可印证。除了篆字的区别，还有对仗要求可做旁证，多当对少，有当对无。下左第四

---

① http://diglweb.zjlib.cn:8081/zjtsg/zgjcj/index.htm
② 林申清编著：《日本藏书印鉴》，北京：北京图书馆出版社，2000，第73页。
③ 同上，第13页。
④ 渡边守邦、后藤宪二编著：《新编藏书印谱》，东京：青裳堂书店，2001，第349页。
⑤ 号は桃廼舎（もものや）。
⑥ http://ja.wikipedia.org/wiki/長野主膳
⑦ 渡边守邦、后藤宪二编著：《新编藏书印谱》，东京：青裳堂书店，2001，第15页。

图是《近代藏书印谱》二编上日本著名的岩松堂书店创办者波多野重太郎的藏书印,其释文为"岩松堂古典部波多野扱斯书"①,但在我看来,那明明是个"挣"字。同书又有日本著名藏家内野皎亭的两方印,其中一个看来是个"改"字(下右一),但都判为"收"字②。藏书印用"考藏"的见过,用"改藏"的没见过,难道日文汉字两者通用?我不懂日文,学识浅薄,真所谓"书到用时方恨少",有待通晓日文的同人指教了。

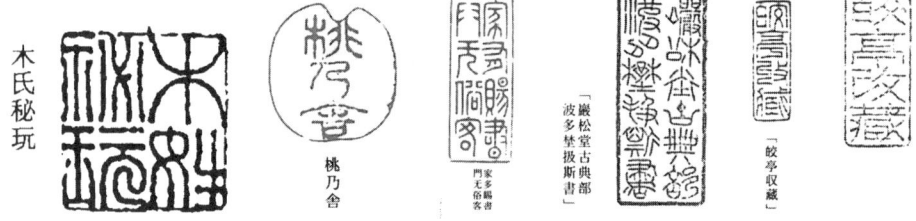

## 七、日鹏云,□埻沈,阁王氏

因形体相近而误读的印章真的不少。香港中文大学的善本书志列了一幅《诗集传》的书影,上有两方旧藏书印③(见下图)。一方释为"潜江日鹏云药樵收藏书籍印",实为"潜江甘鹏云药樵收藏书籍章"。最后一字因盖在文字上,读错了情有可原,"日"则为"甘"之形误。无独有偶,台湾"中研院"傅斯年图书馆藏有一部《王文端公尺牍》,著录说"尺牍首有明万历四十五(丁巳)年韩爌序,奏疏首有沈珣序,诗集首有明万历四十(壬子)年盛以弘序,潜江日鹏云药樵收藏书籍章印记"④,显然是同一方印,也认错了甘字。按:甘鹏云(1862—1941),

---

① 中野三敏编:《近代藏书印谱》二编,东京:青裳堂书店,1984,不标页码。
② 同上。
③ 香港中文大学图书馆编:《香港中文大学图书馆古籍善本书录》(增订版),香港:中文大学出版社,2001,第 xvii 页。
④ 台湾"中央研究院"图书馆网页:http://las.sinica.edu.tw:1085/record=b1378823~S0*cht,又见于"傅斯年图书馆藏善本古籍数位典藏系统":http://www.ihp.sinica.edu.tw/ttsweb/fsn/opac.htm

字翼父,号药樵,晚年署"息园居士"、"潜庐老人",湖北潜江县城关镇人。光绪二十九年(1903)进士,光绪三十二年(1906)赴日本早稻田大学留学,两年后回国,历任多种官职,又是著名的方志学家、书法家、藏书家,曾在北京辟有"息园"藏书。他算是个名人,不难确认。

另一方印(下左三)释为"□埠沈氏珍藏"。不能确认的字以"□"代之是惯例,不错。我以为那是"竹"字,因印章作椭圆形,为安排妥帖,治印者把四片竹叶的高低长短加以剪裁了。这在印学中是基本的技巧。只是这个竹埠沈氏不知何许人也。《美国斯坦福大学图书馆藏中文古籍善本书志》著录了一个《四明山志》,说:"此本钤……'阁王氏珍藏'印。"①看书影,可知"阁王氏"前是还有两个字的,确实看不清(见下右图),但应该用两个"□"表示,以避免让人误会成真有个"阁王氏"。

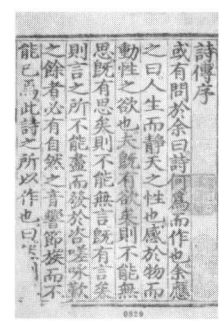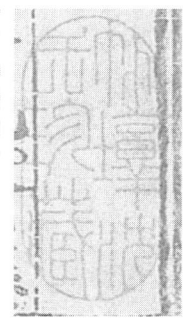

## 八、道光丁卯、道光丁酉

编辑古籍书志,除了藏书印,牌记的辨识也是一个挑战,因为也常常用的是篆隶或古体字。比如匹兹堡大学图书馆藏的同治十三年(1874)振绮堂刻本《列女传》,牌记镌"道光丁酉秋七月钱唐/汪氏振绮堂开雕"(右图)。版心下镌"同治十三年补

---

① 马月华编著:《美国斯坦福大学图书馆藏中文古籍善本书志》,桂林:广西师范大学出版社,2013,第61页。

刊"。有道光癸巳（十三年，1833）汪远孙序，同治十三年跋。记得初稿释为"道光丁卯"。查道光朝自 1821 年至 1850 年，有丁亥、丁酉和丁未，无丁卯年。"酉"字古体之一就是牌记里的这个样，形似"卯"①，所以改为"丁酉"。送交出版社后，编辑又改为道光辛卯，显然把"丁"字也认错了，且没注意到道光辛卯是 1831 年，早于作序的癸巳，而丁酉是 1837 年，在时间上也比"辛卯"较为合理。这条意见最终被编辑接受了。

### 九、亦当审慎、亦尚审慎

另外，古籍善本上常有古人的批校题跋，手书的辨认、断句和标点，以及时间的换算等也容易出错。我日前碰到一个比较典型的例子。

北京的程二奇先生 2009 年发现了一条陈寅恪先生为学生程曦所撰之学位论文《恽南田研究》所作的评语，是此前极少人知道的②。正像他指出的那样，这一发现意义不小，"可作为《陈寅恪先生编年事辑》1948 年条之重要补充，同时也可补《陈寅恪集》之缺失"③。他的释文如下：

> 此论文之主旨，在阐明南田艺术之精妙。由于其人品之高逸，故稽考其生平事迹及亲族之交游，颇为详备，间有详论，亦当审慎，可供研究清初文艺史者之参考。自蒋氏后，考南田事迹者，此论文可称佳作也。
> 寅恪（名章）
> 三十七年一月十日
> 91（得分，加盖陈寅恪名章）

先说手书。其中"亦当审慎"的"当"字认错了，应该是"尚"。原件中的那个

---

① 徐中舒主编：《甲骨文字典》，成都：四川辞书出版社，1989，第 1601 页。
② 程二奇：《陈寅恪佚文偶拾》，《北京师范大学学报（社会科学版）》，2009 年 4 期，第 144 页。
③ 该原件藏于旧燕京大学论文库，不易见。我也是日前才偶然发现，程曦在 1990 年时，曾把该论文用毛笔工楷抄录一过，更以《简论恽南田》之名，并附论文的卷端、导师评语影印件，以及自己的一篇跋，在美国自印成册，分赠友好。美国仅几个较大的东亚图书馆有收藏。

行书"尚"字是有点像简体的"当"字,可是当年通用繁体,而"当、尚"的行书是相当不同的。又陈寅恪先生对这篇论文是赞赏的,给了91分。"亦当审慎"是劝诫的意思;"亦尚审慎"即"还算审慎",则是勉励的意思。就整条评语的语气而言,也不该是"当"。

其次说断句。评语原文为顶格书写,毛笔行书共五行,计八十一字,没有标点。新式标点是程二奇所加。其断法使得第一段说这篇论文的主旨是"阐明南田艺术之精妙"。第二段可以两解:一是由于其(作者程曦)人品高逸,所以稽考其(南田)生平事迹详备,详论审慎,可供参考;一是由于其(南田)人品高逸,所以(程曦)稽考其(南田)生平事迹详备,详论审慎,可供参考。第三段说此论文可称佳作。仔细玩味的话,前两句主谓、逻辑混乱,不像是陈寅恪先生的行文风格和原意。不管第一个"其"指代的是谁,人品是否高逸跟稽考详备、详论审慎没有必然关系。窃以为,整条评语的主语其实都是"此论文",两个"其"则都指代"南田"。如果第一句断在"故"字之后,意思就豁然了。陈寅恪先生说了三层意思。第一段点明论文主旨,即程曦的论文阐明了恽南田艺术精妙是由于他人品高逸的缘故,第二段指出论文的研究方法(稽考南田的生平事迹及亲族交游)和达到的水平和意义,第三段给一个总评。所以这条评语应释读为:

> 此论文之主旨,在阐明南田艺术之精妙由于其人品之高逸故。稽考其生平事迹及亲族之交游,颇为详备,间有详论,亦尚审慎,可供研究清初文艺史者之参考。自蒋氏后,考南田事迹者,此论文可称佳作也。

最后,陈先生评语之落款时间为"三十七年一月十日",程文释读为"即公元

1948年2月19日",也是错的。这个很简单,民国后纪年改用公历了,只要加11年即可,日月是不必换算成农历的。

## 十、古调今人多不弹

从前做学问,读书识字是入门的功夫。从五四起,就有人开始倡导少读甚至不读中国书、简化甚至取消汉字了。跟大多数生在新中国的这一辈人一样,我没有受过传统的小学训练,也不治印,只因需要,现学现卖,连猜带蒙。如果做对了只是运气好罢了。

再回头说,书上的批校题跋一般还都是比较规矩的行草书,册页手卷之类则行草隶篆,直至金石甲骨,诸体纷呈,更为难弄。这样的宝贝幸好(或曰不幸)本馆没有,我还没为之烦恼过。不过一个教授朋友年前在荷兰莱顿大学东亚图书馆访得一原高罗佩所藏的册页。高罗佩于1943年3月到1946年4月在重庆担任荷兰驻华使馆一等秘书,结交各界名士,诗词唱和,琴瑟协律。回国时友人题诗作画,制作了那个册页以为纪念。他据此来写高罗佩在渝期间交游考,欲弥补高罗佩研究的一个空白。承蒙不弃,让我看了几幅照片,释读其难解的文字。稿成拜读之后,发现有些自以为没问题的地方却出了问题。如马衡所题(下图左),我当初只释读了三个大篆"游于艺",未及识语。文稿说:"马衡题'游于艺'三字赠送给高氏夫妇,并识曰:'芝台先生以荷兰外交家而精研谨学,好古敏求,多才多艺,博雅士也。今将偕其夫人归国,题此赠别藉留别后之思。'署名'叔平马衡'。"其中"谨学"显然不通。再看原件,方知那是草体"汉"字。

这个字其实我在为他释读另一幅字时碰到过。那是田汉的旧诗(下图右),草书:

细雨微波清水河,堤边柳下覆车多。
后车不引前车鉴,故辙依然可奈何。
大军西迁旧句录答芝台先生并以赠别,田汉

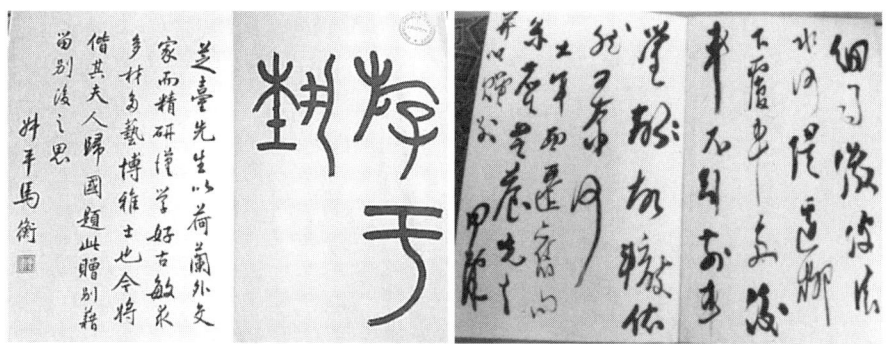

又有一段话:"诗后题曰:'此吾国好贤之诗,至惺现玩味。芝台世芳夫妇行将返国,书此赠之,湖南仇鳌时客渝城。'"不通。索要原件照片(右图),发现一是"堪"误做了"惺",一是把写错了勾去的"现"字也照录了。习惯上书法作品写错了字是不涂黑的,而是在边上点两点为记。这在田汉的题诗里出现过,即"故"字。前一个写成"胡"了,所以边上有两点。

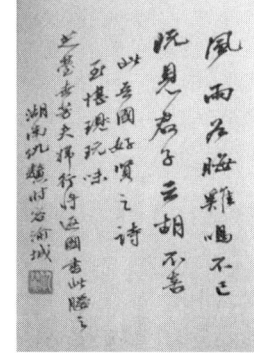

当然也有我没有把握释读的文字。比如该文有一句说:"黄濂以古籀写就、首句为'古调今人多不弹,据梧四顾兴长叹'的赠诗,因文章篇幅所限,不再全录。"(见下图)其实是当时急忙之间无法仔细斟酌,没有把握,只好用两句塞责。这次趁兴试释如下:

古调今人多不弹,据梧四顾兴长叹。
送君一去三万里,重逢何以拾坠欢。
知音沈沈五千载,乘风远引归荷兰。
横海如闻发清啸,五洲之外皆安澜。
弦歌真能治天下,无须请剑诛楼兰。
鱼知此道在淳穆,嘈杂哇类不足观。
熏风鸣和覆大地,谁与征伐为贪战。
在昔虞廷有苗格,惟闻两阶舞羽干。

请将此意语天下,圣贤之论非游盘。
今日且尽杯中物,赏诗谭艺相为欢。
他年重来如返国,譬之游子归长安。
天清地宁从此去,歌我此章加一餐。

高罗佩芝台兄回荷兰赋赠
中华民国三十五年丙戌春
鞠生黄漾稿

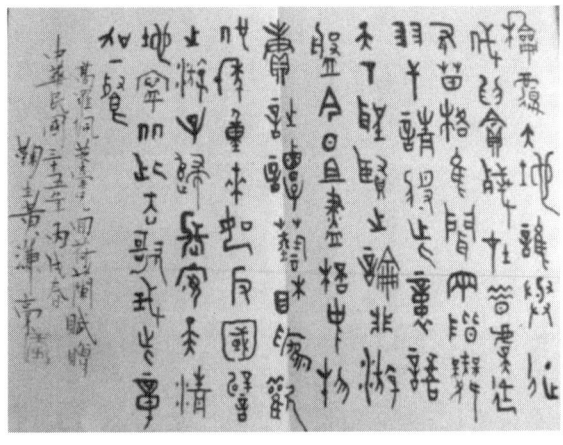

## 结语

最后要说明一下。以上所举的他书之例，纯为说明问题，绝无吹毛求疵的意思。事实上，一部著录成百上千种书的大作，出一二疏漏，在所难免，即所谓无错不成书也。我的也一样，这就算是为自己辩护吧。

再说考订文字一向是被视为雕虫小技而为大家所不屑的。之所以不揣简陋，借我会会刊公之于众，是考虑到北美同人正在编或准备编各馆的中文古籍书志，一得之见或许有点参考作用。谬误之处，也祈方家不吝指正。

乙未初春草于哥伦布市镜湖畔

# 匹兹堡大学东亚图书馆藏土地契约文献简介

◎邹秀英①

**摘　要：**

　　2011 年，美国匹兹堡大学东亚图书馆从福建一私人收藏家手中购得一批反映福建数百年土地和房屋交易的土地文书，并于 2014 年将其中的 214 份文书数字化，包括地契、土地买卖文书、家族析产书、土地税收据等，上自明代（1368—1644），下至 20 世纪 50 年代，成为中国以外有关中国土地文书的最大数字馆藏。这些珍贵的原始文献是研究福建乡土社会和文化以及政治史、经济史、社会生活史等不可或缺的珍贵史料。本文拟就这批文书的年代、种类、地域分布以及文献内容及特征作一介绍，以期更好地揭示其文献价值与研究价值，使研究者能够有的放矢、更便捷地利用这些原始资料。

**关键词：**

　　福建；地产交易；地契；土地文书

## Chinese Land Records at the East Asian Library, University of Pittsburgh

◎ Xiuying Zou

**Abstract：**

　　In 2011, the East Asian Library at the University of Pittsburgh acquired from a private collector in Fujian Province a group of Chinese land records that reflect the land ownership in different historical periods, land tenure changes and land management system of Fujian from Ming

---

①　邹秀英，美国匹兹堡大学东亚图书馆东亚研究馆员（East Asian Studies Librarian, University of Pittsburgh）。

dynasty (1368—1644) to 1950s. As historical records they are indispensable for the research and historical studies of politics, economy, social life, and local customs of not only Fujian province, but also China. This article is an introduction to these land records regarding their time period, document type, geographical distribution, and unique research value.

**Keywords:**

Fujian; Real estate exchange; Deeds; Land titles

地契是中国古代民间买卖或典押土地、房屋、店铺等财产时双方订立的契约文书。契书上写明土地或房产数量、坐落地点、方向及方位、土地的界线、价格以及典、卖条件等，由当事人双方和见证人签字画押，或者加盖私章。通常，卖方书立地契，当事人双方或多方、亲属、邻居、中人等见证人签字画押。在官府完成了纳税与过割手续的地契受法律保护，具有法律效力。

2011年10月，在时任中国研究馆员张海惠女士与东亚图书馆馆长徐鸿博士的共同努力下，一批反映不同历史时期的土地所有、产权转让、土地管理系统的土地文书，以及晚清至民国时期的各式婚书等珍贵文献从福建一位私人收藏家手中入藏美国匹兹堡大学东亚图书馆。这批文献是原物，绝大部分是中国土地文书，包括房屋、店铺、土地等的买卖、典当、转让等各类契书，反映田赋粮税缴纳情况的税契、版串执照、纳户执照、验税契照、印花税票等纳税证明，反映家族财产分配转让的分书、阄书等家族析产书。时间跨度上自明代（1368—1644），下至20世纪50年代。除少部分出自其他省份，绝大部分出自福建省，其中有几份可称得上稀有珍品。它们是研究中国政治史、经济史、社会生活史不可或缺的珍贵史料。

2014年，匹兹堡大学图书馆将其中的土地文书数字化，共214份，364页。数字化副本已上传至匹兹堡大学图书馆网站，并附有中英文对照的使用指南①。这是目前中国以外最大的纸本及数字化土地契约文书馆藏。本文拟就这批契书的种类、地域分布、成交年代、契书内容及特征作一分析，以期更好地

---

① "Chinese Land Records" ULS Special Collections Department, University of Pittsburgh Library System, 2014. http://www.library.pitt.edu/chinese-land-records.

了解各类土地和不同地权性质、不同手续、不同书写方式的土地买卖文书和土地租佃文书,揭示其文献、文物价值与研究价值,使研究者能够有的放矢、更便捷地利用这些原始资料。

## 一、契约文书的年代分布与文献类别

匹兹堡大学东亚图书馆收藏并数字化的这 214 份土地文书中,与土地契约相关的共 197 份。其中,明万历十二年(1584)1 份,清顺治十六年(1659)至宣统二年(1910)93 份,民国二年(1913)至民国三十八年(1949)97 份,1949 年中华人民共和国成立至 1954 年《中央人民政府政务院关于国家建设征用土地办法》正式实施前 17 份。契书中所反映的土地买卖,虽然都是私人之间的经济行为,然而大部分在官府进行了产权登记,办理了纳税和过户手续,其凭证就是钤印在原契上的官府红印,或者粘连在原契上的官方文书和盖在粘连处的官府红印,也称骑缝章。这种带有官府红印的地契称为"红契",而没有到官府办理纳税和转让手续的则称为"白契"。在这批契书中,三分之二以上为红契,共 159 份,白契 55 份,不足三分之一,表明大多数老百姓还是希望办理的契约能得到官府的认可和保护,并按章纳税。

从文书类型上来看,这 214 份文献主要包括卖契、典契、赋税缴纳凭证、和息约、借契、送契、土地证、家族析产书、遗失契、租佃收据,以及不属于土地契约,但与土地契约一并打包整体购进的 6 份另类文献。卖契是这批文书里最大的一类,共 91 份,所出售的财产包括房舍、田土、店厝、山林、果园等。其次是典契,共 37 份,所典押的财产包括房屋、店铺、山林、田地等。赋税缴纳凭证共 36 份,包括官府在业户缴纳赋税以后所颁发的各种验税证明,如契尾、税契单、四柱易知单、纳户执照、版串执照、印花税票等等。土地证 28 份,包括最早的明万历十二年(1584)连城县清丈归户单、民国年间土地营业执照、房产证等等。租佃约 5 份,主要是收租凭据、欠租凭据等。和息约 3 份,两家因田、池相邻为避免发生矛盾冲突而立的合约书。析产书 3 份,是家庭财产分割书,也称阄书。家中长辈将房屋田产分配细则书于契书上,详列各房或晚辈应得财产。析产书各分割方各持一份，以免日后可能产生纠纷。三份析产书分别立于清道光十七年（1837）、道光二十年（1840）和光绪十七年（1891）。其中一份因为财产分给7个儿子，分书共有7个副本，都保存完好。214份契书的立契年代及文书类别数量统计详见表一。

表一：契书的立契年代及文书类别

| 类型\年代 | 卖契红 | 卖契白 | 典契红 | 典契白 | 契税证红 | 土地证红 | 分书红 | 和息约红 | 和息约白 | 租佃约红 | 借契红 | 送契红 | 失契红 | 其他红 | 共计 |
|---|---|---|---|---|---|---|---|---|---|---|---|---|---|---|---|
| 万历 |  |  |  |  | 1 |  |  |  |  |  |  |  |  |  | 1 |
| 顺治 |  | 1 |  |  |  |  |  |  |  |  |  |  |  |  | 1 |
| 康熙 | 1 |  |  |  |  |  |  |  |  |  |  |  |  |  | 1 |
| 乾隆 | 4 |  | 2 | 1 |  |  |  |  |  |  |  |  |  |  | 7 |
| 嘉庆 | 3 |  | 2 | 2 | 2 |  |  |  |  | 1 |  |  |  |  | 10 |
| 道光 | 2 | 2 | 1 | 1 | 1 |  | 2 |  |  | 3 |  |  |  | 1 | 14 |
| 咸丰 | 2 |  |  |  |  |  |  |  |  |  |  |  |  |  | 2 |
| 同治 | 8 | 7 | 3 | 1 |  |  |  |  |  |  |  |  |  |  | 19 |
| 光绪 | 12 | 12 | 4 |  | 4 |  |  | 1 |  | 1 |  |  |  |  | 34 |
| 宣统 | 3 | 1 |  | 1 |  |  |  |  |  |  |  |  |  |  | 5 |
| 洪宪 |  |  | 1 |  |  |  |  |  |  |  |  |  |  |  | 1 |
| 民国 | 21 | 12 | 13 | 1 | 28 | 15 |  | 2 | 2 |  | 1 | 1 | 1 | 2 | 99 |
| 共和国 |  |  | 4 |  | 1 | 12 |  |  |  |  |  |  |  | 3 | 20 |
| 总计 | 56 | 35 | 30 | 7 | 36 | 28 | 3 | 3 | 2 | 5 | 1 | 1 | 1 | 6 | 214 |

## 二、契书的地域分布

关于明清契约文书在福建的收集、收藏和整理，已有众多的研究成果和资料集出版。在契约文书收集和整理方面，从20世纪50年代到80年代，以傅衣凌、杨国桢为中心的厦门大学研究团队和福建师范大学的唐文基等学者收集了总计近一万件文书,并且整理节录了其中有代表性的数百份契约文书,结集成册出版,为研究者开发利用这些原始文献做出了开拓性的努力和贡献①。收编在这些文书综录选辑中的契约,覆盖地域遍及闽北、闽南、闽东、闽中的多个府县,但缺闽西地区②。而匹兹堡大学收藏的214份契约文书中,有7份来自闽西地区,可谓填补了闽西缺契的空白。

在这197份契约文书中所交易的土地,除零星散落于安徽、辽宁、四川、云南等地外,绝大部分位于福建省,共179份,超过总数的90%。另有18份难以判定所在省份。福建省的179份契书主要集中在闽东的福州及周边地区。闽侯县历史上曾划为闽县与侯官二县,也曾被称为林森县。在这三县书立的土地文书共71份,量最大;其次是古田县17份;永泰县15份。详细分布见表二。

表二:福建契书地域分布表

| 地区 | 县(福建) | 契书数 |
| --- | --- | --- |
| 闽东 108份 | 福清 | 2 |
| | 福州 | 8 |
| | 闽侯 | 71 |
| | 连江 | 1 |
| | 闽清 | 11 |
| | 永泰 | 15 |
| 闽北 31份 | 古田 | 17 |
| | 建瓯 | 1 |
| | 建阳 | 7 |
| | 南平 | 1 |
| | 屏南 | 3 |
| | 绍武 | 1 |
| | 顺昌 | 1 |

---

① 福建师范大学历史系编:《明清福建经济契约文书选辑》,北京:人民出版社,1997;杨国桢:《清代闽北土地文书选编》,载《中国经济史研究》1982年第1—3期;杨国桢编:《闽南契约文书综录》,载《中国社会经济史研究》1990年增刊。

② 杨国桢的《闽南契约文书综录》所收地区为晋江、泉州、南安、永春、德化、安溪、惠安、同安、厦门、龙溪、海澄、华安、云霄。《明清福建经济契约文书选辑》所收地区为福州、南平、宁德、泉州、漳州、莆田。

续表

| 地区 | 县（福建） | 契书数 |
|---|---|---|
| 闽南<br>17份 | 东山 | 8 |
| | 晋江 | 7 |
| | 南安 | 2 |
| 闽西<br>7份 | 连城 | 2 |
| | 永安 | 3 |
| | 永定 | 2 |
| 未知 | | 16 |
| 总计 | | 179 |

从大的区域上来看，闽东的福清、福州、闽侯、闽清、永泰5个县市立契总数为108份，占总数的60%以上。古田、建瓯、建阳、南平、屏南、邵武、顺昌7个闽北县立契数为31份，占总数的17%。其次是晋江、南安、东山3个闽南县，立契数17份。连城、永安、永定闽西3县的立契数虽然只有7份，却弥足珍贵，因为他们填补了迄今面世的诸多有关福建契约文书文献收藏中闽西地区契约文献缺乏的空白。在这7份闽西契约文书中，有连城县明万历十二年(1584)的清丈归户单和道光年间的税契尾契、永定县乾隆二十七年(1762)的手写立卖土窖契及钤有县府红印的纳税契尾，以及民国十六年(1927)的契税清查证、永安县光绪二年(1876)的土地杜卖契、光绪二十一年(1895)的完税纳户执照，以及光绪二十六年(1876)的版串执照。7份文书均有官方红印。其中，明万历十二年连城县清丈归户单和乾隆二十七年永定县卖土窖契因年代久远，存世稀少，尤为珍贵。

除闽西契书外，匹兹堡大学东亚图书馆收藏的17份闽南契约文书也非常珍贵。闽南因其在中国开发史上以及在大陆与台湾关系上的特殊地位，其产生的众多民间文书的学术价值一直为国内外学术界所重视。闽南契约文书的学术价值体现在两方面。首先，闽南依山临海的地理环境带来了高度发达的商品经济与海外贸易，是中原农业文明与海洋文明的融合体。闽南契约文书则从侧面反映了中原农业文明在闽南沿海本土化的过程，不仅记录了闽南乡土社会、乡土经济、乡土文化，也以其地区性的特色丰富了中华契约文化。同时，闽南与台湾不仅地理相近，语言相通，民俗相同，而且在社会经济结构和文化传统上也有着千丝万缕的联系和传承。对于台湾社会的溯源寻根和台湾社会经济史的深入研究，闽南契约文书具有特殊的史料价值[①]。

在匹兹堡大学东亚图书馆收藏的17份闽南契约文书中，东山县占了8份。由于东山县的契约文书没有在现有的福建契约文书节录和抄录中出现过，这8份契书无论是文献内容还是文物价值都值得一提。在文献内容方面，这8份契书中，6份为店厝典契，2份为房屋典契，最早的立契于民国三十二年（1943），最晚的立契于1954年。其中两份立于1949年10月中华人民共和国成立之后，但契书上的日期仍然沿用了之前的纪年方式，可能与东山岛1950年5月12日才解放有关，这两份契书也因此显得极为珍贵。

### 三、契书珍品辑录

（一）明万历年间的清丈归户单

明朝中后期，兼并土地、隐产漏税之风盛行，给国家财政造成极大困难，对田地进行清理丈量、定位到户日显迫切。万历六年（1578），内阁首辅张居正以福建为试点，开展田地丈量。次年，福建丈量之法推行至全国，使全国土地总额三年内增加了150多万顷。同时，对贵族、缙绅和地主隐田漏税的行为进行打击，使国家的田赋收入也相应增加。为了巩固清丈成果，官府向业户制发《清丈归户单》，并颁发《归户由帖》，详细列出该田应缴纳的赋税项目及具体数量，以及土地买卖易主后的征税规则。可以说，《清丈归户单》确认土地清丈后的所有权，类似于土地证，而《归户由帖》则载明该田块的税额及征税方法，有纳税通知书的作用[②]。

---

[①] 杨国桢：《闽南契约文书综录》，载《中国经济史研究》1990年增刊。
[②] 张德义、郝毅生主编：《中国历代土地契证》，石家庄：河北大学出版社，2009，第243—244页。

明万历年间土地清丈归户单因年代久远,存量稀少,极为珍贵。据查,福建省档案馆仅存3张,是该馆珍贵档案文献之一①。匹兹堡大学东亚图书馆所收藏的这份清丈归户单,为明万历十二年(1584)福建连城县业户张万殿所有(见图1)。因年代久远,官府的检验红印和标志土地上中下等级的红印已经模糊不清。笔者将其文书内容转录如下,以助理解。

**清丈归户单**

**吕字壹千伍百柒拾捌号**

| | |
|---|---|
| 连城县坐落表席里叁图大土名莲花坑小土名赤岭壹坵表席里叁图贰甲户长张炳财户丁张万殿执业纳粮佃户自係民应照上田起科 | |
| 东至一千五百七十二号吴世源界<br>西至一千五百七十四号吴大傅界 | 东丈中直贰拾叁号壹尺<br>西丈一广叁号 |
| 旧额原　亩　分厘先丈<br>係　字　号　计　亩　分　厘<br>今复丈　亩　分　厘 | 南丈二广陆号伍尺<br>北丈三广捌号<br>通计　号积　□□ |
| 南至一千六百五十七号吴光裕界<br>北至一千五百六十八号张栋贤界 | 壹百肆拾陆步叁分,共该田<br>乙亩肆分陆厘贰毫。 |
| 万历十二年十二月　日　公正　余昌其　书笑　吴志祥□□ | |

从归户单原图及转录的内容可以看出,万历清丈主要有三个特点:

1.田产的坐落与田产所有人,包括在里甲制中的位置,减少了隐匿不税田地。

2.统一土地面积单位。单中载明田产四至或四址,清丈所得东西南北丈量长度,土地面积,包括弓尺旧制和亩分新制。

3.依据田地的等级,统一纳税准则。据《连城县志》记载:"本邑自万历年间,邑令朱九卿清丈田亩,分上中下三则起科。上则,亩科米四升六合六勺二

---

① 《首批福建省珍贵档案文献名录》,福建档案信息网,http://www.fj-archives.org.cn/html/1016/20725.Html(2015年10月15日访问)。

撮。中则,三升七合二勺九抄六撮。下则,二升七合九勺七抄二撮。至今犹守其制。"①

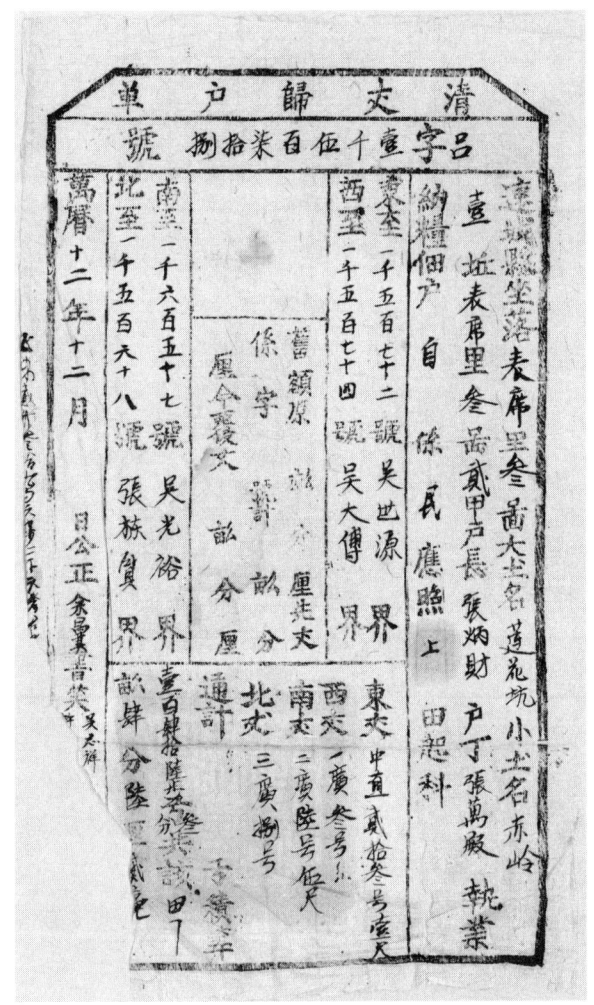

图 1　明万历十二年(1584)连城县清丈归户单

---

① （清）李龙官、徐尚忠、(民国)王集吾、邓光瀛修纂:《连城县志》,厦门:厦门大学出版社,2008,第519页。

## (二)洪宪典按契单

匹兹堡大学馆藏的契约文书中有一份洪宪元年一月的契约。"洪宪"是袁世凯称帝时的纪元年号。1915年12月12日袁世凯宣布实行帝制,自称为"中华帝国皇帝",并准备于1916年(中华民国五年)元旦废除民国纪元,改为"中华帝国洪宪元年",元旦正式登基。但在全国人民反对下,被迫于1916年3月22日宣布取消帝制,废除洪宪年号。洪宪年号只使用了83天,而且年号仅在国内流传,对外仍称中华民国,因而印有"洪宪"年号的契单存世量非常少,更不用说洪宪元年一月的契约文书了。这份珍贵的契约也表明,当地官府各部门提前做好了庆祝新纪元的准备,从一个侧面能反映出对袁世凯复辟帝制的立场和态度。

这张洪宪元年一月的典按契单是对光绪十八年(1892)的一份田地典卖契征纳地产税的证明(原典卖契见图2,典按契单见图3)。为了研究者对比研究袁世凯称帝前后官方契税条例的变化,也附上民国四年(1915)的典按契单(见图4)。

将这张洪宪元年的典按契单与民国四年古田县的典按契单对比,两张契单颜色都是淡蓝色,款式雷同,除了洪宪元年的契单将"财政部饬开契税条例于一月十一日经大总统公布"改为"财政部饬开契税条例于一月十一日公布",将"中华民国 年 月 日"改为"洪宪 年 月 日",其他内容一模一样。

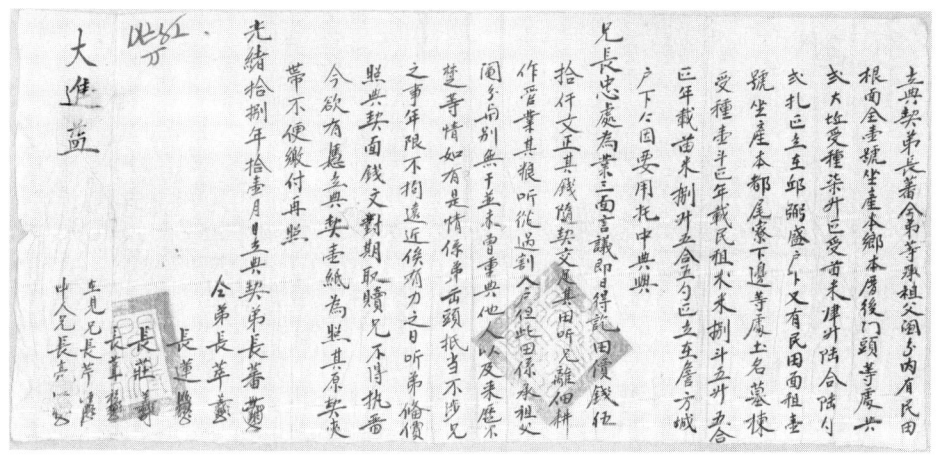

图2 光绪十八年(1892)闽清县长忠立田、房典卖契

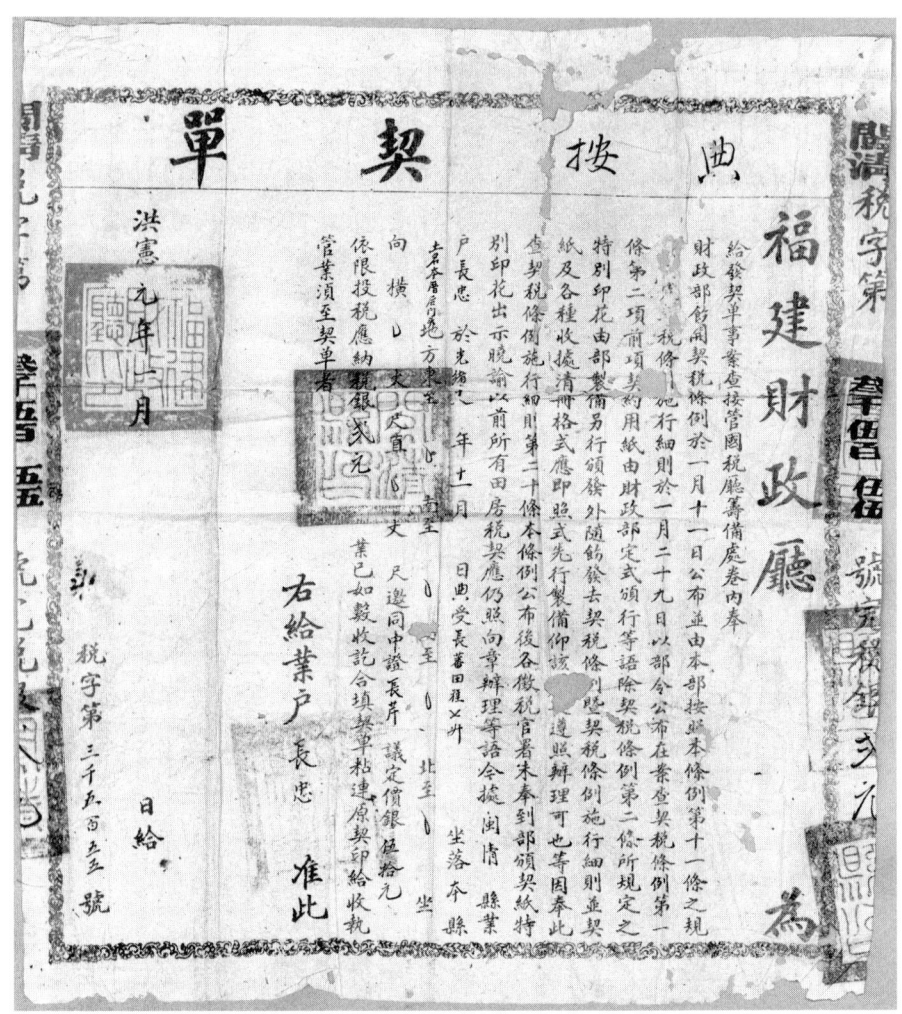

图3　洪宪元年(1916)一月闽清县田地典按契单

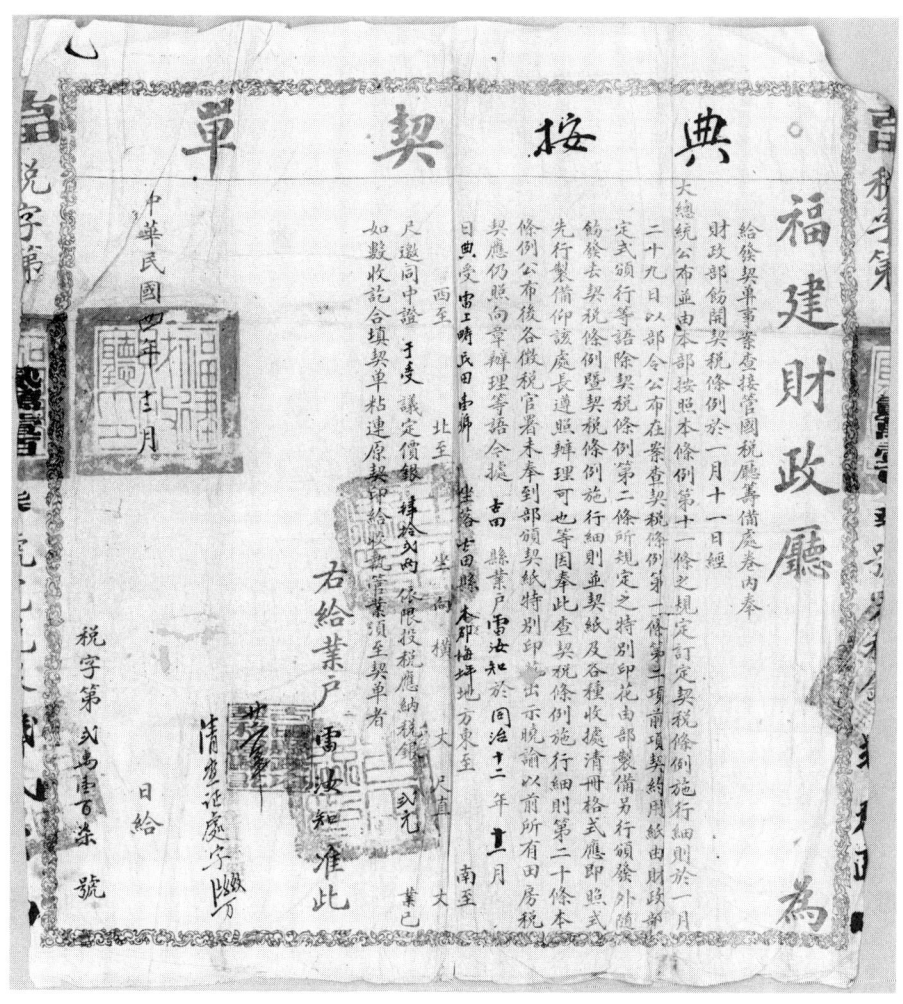

图 4  民国四年（1915）古田县典按契单

（三）闽南东山县契书节录

如前所述，由于东山岛地契在有关福建契约文书的现有出版物中鲜有出现，加上东山岛与台湾岛近距离的位置以及晚于全国各地得到解放的特殊历史背景，匹兹堡大学图书馆收录的8份东山岛地契无论在文献价值还是文物价值方面，都很珍贵。现将8份契书内容简介如下。

1. 民国三十二(1943)年店厝典契，立典契人黄炮，受典人沈秀清，民国三十二年立契，1952年完税，在福建省人民政府公定典契纸上记录在册，并带税款缴讫收据一张。典价十六万五千元整，税两千元整。贴印花税票2枚。

2. 民国三十六(1947)年店厝典契，立典契人黄荣森，受典人黄煌，民国三十六年立契，1952年完税，在福建省人民政府公定典契纸上记录在册，并带税款缴讫收据一张。典价二十四万九千元，税七千四百七拾元整。贴印花税票4枚。

3. 民国三十八年(1949)店厝借契，借出人沙延德，收受人刘佳，民国三十八年古历七月立契，1952年完税，在福建省人民政府公定典契纸上记录在册，并带税款缴讫收据一张。借价七十五万六千元整，税十二万三千六百元整。贴印花税票4枚。

4. 1949年店厝典契，立典契人林定宗，受典人余溪，1949年古历九月立契，1952年纳税，在福建省人民政府公定典契纸上记录在册，无税款缴讫收据。典价三十四万五千元，税一万零四百元整。贴印花税票10枚。该契约立契时间1949年阴历九月，即10月22日之后。此时中华人民共和国已经成立，但契约正文的立契时间仍然使用已废止的纪年。(契约原件见图5)

5. 1949年店厝典契，立典人许其和，受典人孙宗馨，1949年10月立契，1952年完税，在福建省人民政府公定典契纸上记录在册，无税款缴讫收据。典价十八万六千元，税十五万五千一百元。无印花税票，印东山县人民政府税讫章。这份契书时值1949年10月中华人民共和国成立之后，但立契时间的书写从侧面反映了东山岛后于全国其他地方得到解放的情况。(契约原件见图6)

6. 1952年店厝典契，立典契人沙秀玉、沙群，受典人朱发，公元1952年6月立契，同年完税，在福建省人民政府公定典契纸上记录在册，并带税款缴讫收据一张。典价90万元整，税十二万七千元。贴印花税票2枚。

7. 1953年楼房典契，立典人方围九，受典人林武，1953年立契，同年完税，在福建省人民政府公定典契纸上记录在册，并带税款缴讫收据一张。典价140万元整，税四万八千元整。贴印花税票5枚。

8. 1954年房屋典契，立典人林清，受典人黄番薯，1954年立契，同年完税，在福建省人民政府公定典契纸上记录在册,并带税款缴讫收据一张。典价 80 万元整,税两万四千元整。无印花税票。

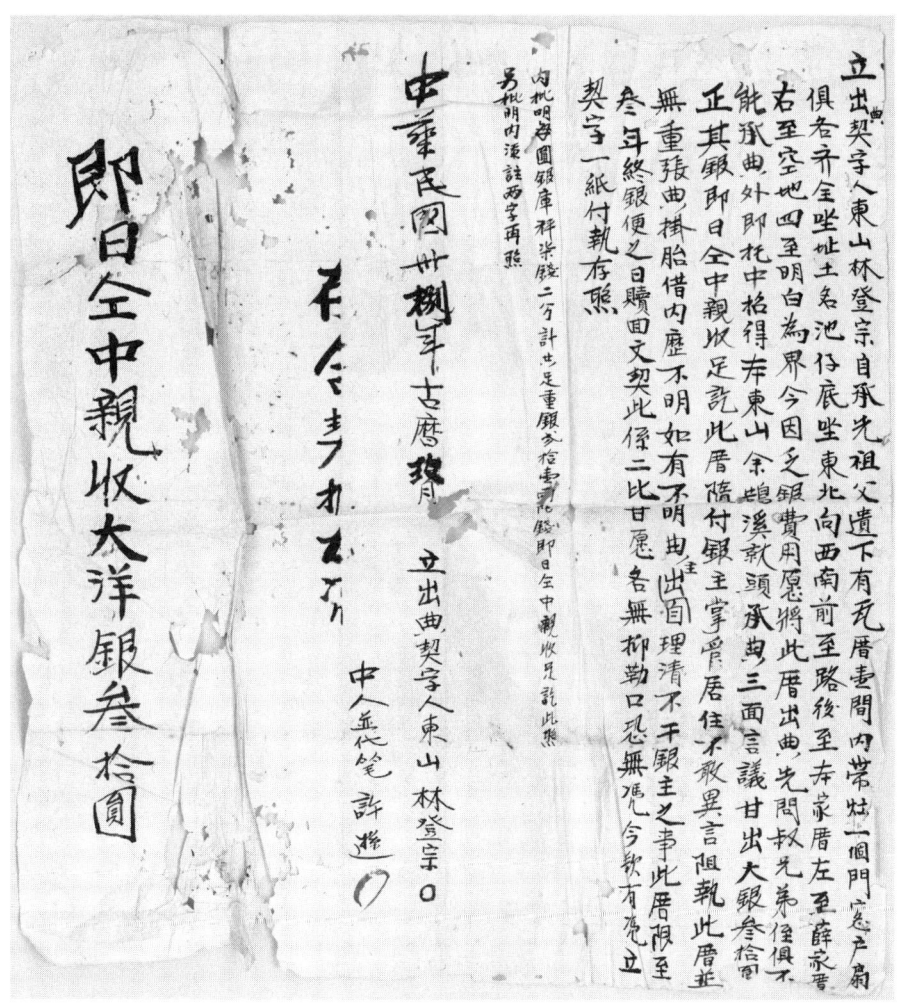

图 5　1949 年东山县店厝典契

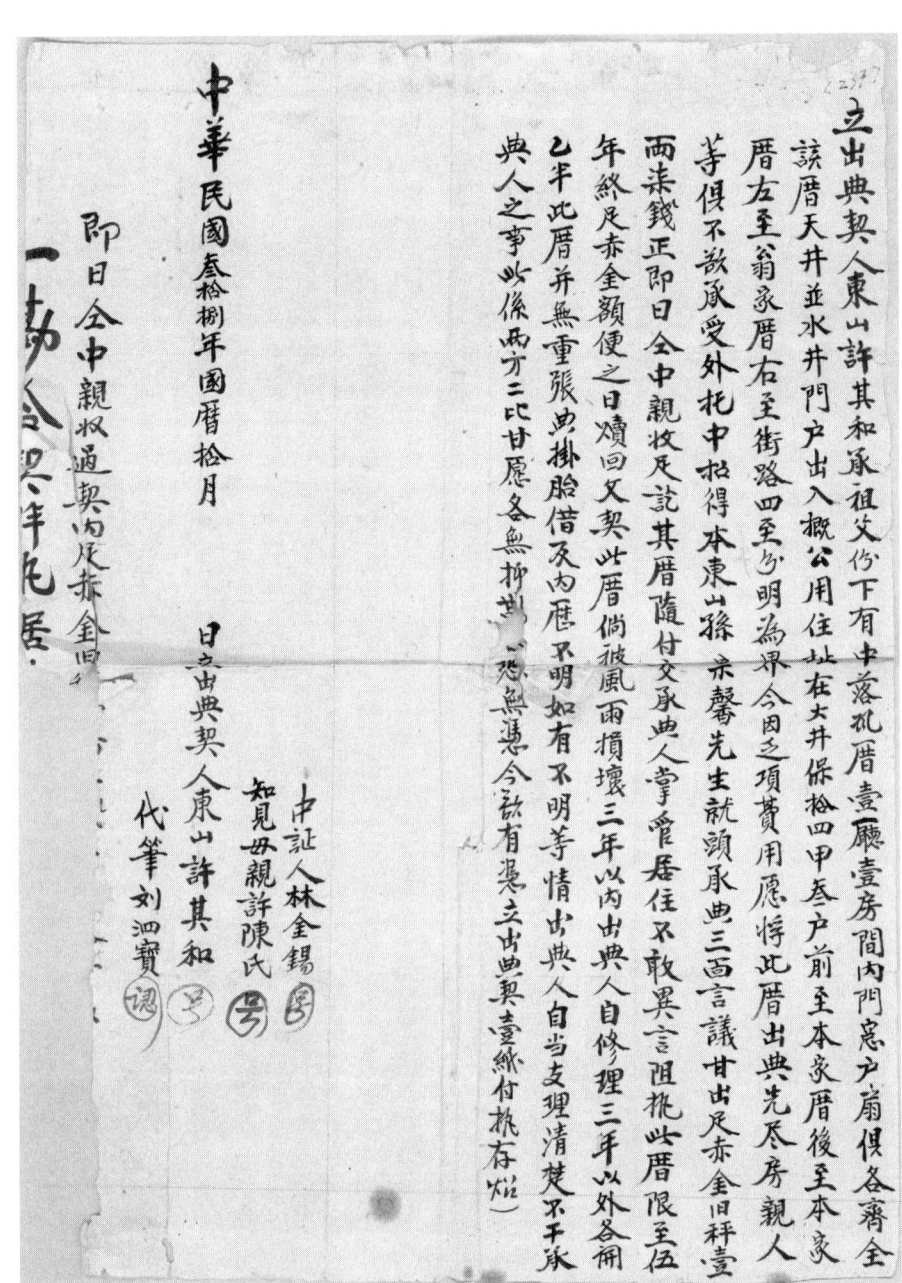

图 6　1949 年东山县店厝典契

## 结语

地契虽薄薄一纸,但内容丰富多样,不仅反映不同历史时期地方政府对土地权籍的管理、交易及纳税情况,反映我国不同的历史时期的土地所有权制度、土地权属变更及对土地的管理制度,更含有土地房产等各类财产的诸多价格信息,可谓历史档案的一项重要内容,对土地法制史及农村社会经济史的研究都能提供充分的基础资料和数据。事实上,这批契书数字化副本在匹兹堡大学图书馆网站开放获取后,已经引起国内外研究者的关注,并且用于研究。比如,华盛顿大学圣路易校区的一位博士研究生就利用其中丰富的土地价格信息,分析清朝中后期福建沿海开放口岸的土地交易市场与海外贸易的关系,从而进一步分析福建的对外开放与土地开发的关系[①]。相信随着其文献内容及价值的进一步挖掘,这批契书将为更多的研究者所用。图书馆的下一步计划是将契书的内容进行文字转录并译成英文,为本族语不是汉语的教员和学生利用中文原始文献提供帮助。

---

① Cheung, Terry. "Openness and Development: Evidence from Fujian Land Records." Presented at the 44th Annual Conference, Mid-Atlantic Region Association for Asian Studies, Pittsburgh, 2015.

# 发掘瑰宝
## ——探寻美国文理学院中的"中国"特藏[①]

◎陈晰[②]

**摘　要：**

　　本文旨在介绍一项有关在美国的"中国"特色馆藏的网站调查，访问对象为欧柏林联盟[③]成员，共80所美国文理学院。本次调查的目的是了解美国文理学院里"中国"特色馆藏的现状和涉及的学科领域。其次，通过逐一访问这些院校网站，笔者对特色馆藏的"可发现性"和"可获得性"进行了综合分析。文章结尾阐述了文理学院特色馆藏"可发现性"较低的原因和目前推动特色馆藏数字化进程的重要因素，以及文理学院"中国"特藏的未来走向。

**关键词：**

　　中国；特色馆藏；美国文理学院；欧柏林联盟；可发现性；可获得性；数字化

---

　　①　文中提到的外国人，如有通用的惯译名，则按《近代来华外国人名辞典》（北京，中国社会科学出版社，1982）译法处理，其余都以《英语姓名译名手册》（北京，商务印书馆，2004）音译为准。

　　②　陈晰，美国加州大学圣地亚哥分校（University of California San Diego）图书馆中国研究馆员，教育学硕士，图书和信息学硕士。

　　③　欧柏林联盟是美国文理学院的校际联盟，由80所在全美享有较高声誉的文理学院组成。

An Analytic Report of Special Collections of China Studies in Liberal Arts Colleges in the U.S.

◎ Xi Chen

Abstract:

This analytical report describes a website survey that aims to discover special collections related to China-Studies in 80 liberal arts colleges (Oberlin Group) in the U.S. It offers a general review of the current scale of collections as well as the disciplinary nature of these hidden materials. Secondly, it explores the online discoverability and accessibility of these collections through active navigation of the institutions' websites. Finally, it discusses the major reasons that contribute to the low accessibilities of these collections and the trend toward enhancing access through digitization.

Keywords:

China; Special collections; Liberal arts colleges; Oberlin Group; Discoverability; Accessibility; Digitization

## 文理学院中的"中国"特藏

致力本科教育的文理学院是美国高等教育框架中的一个重要组成部分。这些学院多建于19世纪上半叶,校友群体呈现精英化特征。19世纪后期,众多美国基督徒踏上了前往东方传教的征程,这些传教士中有很多是来自文理学院的毕业生和教授。他们返回故土时带回了大量珍贵资料,如日记、照片、宣教工作记录、出版物和文档记录。这些资料是他们与东方社会首次接触的历史见证。一些个人藏品是校友在晚年时期遗赠给母校的,也有一部分藏品是校友去世后由他们的后代捐赠给学校的。除此之外,19世纪末和20世纪初,中国学生在美留学期间的学生档案及个人物品构成了另一类比较突出的特色馆藏。还有一类藏品为收藏爱好者收集的各类东方文物。这些藏于文理学院图书馆或档案馆中的珍贵资料,往往不被一般美国人所知,而美国以外的学者,对其更

是知之甚少。文理学院特色馆藏不如研究型大学特色馆藏受众面广,究其原因,笔者认为有以下几方面:

  1.小型文理学院注重本科教学,使用第一手文献进行研究的需求比研究型大学低。

  2.小型文理学院图书馆和档案馆的专业馆员数量较研究型大学少,导致藏品整理、描述和网络发布滞后。

  3.预算紧缺和人力不足是文理学院特色馆藏走向数字化的主要障碍。

  4.文理学院受众面较研究型大学小。用户在搜寻资料时往往会忽略这方面的渠道。

## 可发现性和可获得性

  "中国"已成为当今世界的关键词,由于其快速的经济增长和政治影响力,深埋于异国他乡的瑰宝——"中国"特藏,正逐渐赢得学者的关注。笔者于2014年12月至2015年1月间对80所美国文理学院图书馆(欧柏林联盟)进行了网站调查。根据网站描述,25所学校藏有与中国相关的文献资料。资料载体各异,内容丰富多彩,大部分资料的时间跨度为19世纪后期至20世纪中期。内容包括旅行日记、信函、相册、剪报、书刊、明信片和艺术藏品等。

  调查发现,80家图书馆中有18家通过网上的"查找指南"(Finding Guide)公布了他们的"中国"特色馆藏。然而,如果用户事先不了解特藏的内容,通过网络找寻各家珍藏并非易事。很多藏品以捐赠者的名字命名,字面上无法体现其地域或年代特征。因此图书馆网站的搜索功能对发掘特藏显得尤其重要。

  笔者通过网站调查整理出以下具有"查找指南"的"中国"特色馆藏,并按主题内容分类:

  1.以"传教士历史"为主题的收藏

  (1)欧柏林山西纪念协会档案和传教士家庭文档,欧柏林学院(Oberlin

College，OH）①

欧柏林学院收集整理的来华传教士历史资料跨越一个多世纪,内容大致可分为三个部分。第一部分记录了自1881年首批欧柏林传教士进入山西建立教会、开设医院、创办学校,后遭遇义和团运动的一段历史。第二部分涵盖了欧柏林人在山西教案发生之后,成立山西纪念协会和铭贤学校,直至新中国成立这段时间内开展的各项工作。第三部分包括了1949年后欧柏林山西纪念协会在亚洲其他国家,及1979年改革开放后的中国开展各项文化教育活动的有关记录。

（2）"卡尔顿在中国",卡尔顿学院（Carleton College，MN）②

卡尔顿学院的特藏以学院历史为主题,汇集了来自不同捐赠者的材料。资料记录了创始于1903年的卡尔顿传教理事会在中国传播宗教,开展医疗和教育工作,直到1950年在中国解散的这段历史。大部分材料涉及卡尔顿学院和美部会汾州站的联络工作。随着时间的推移,卡尔顿学院逐渐从支持传教转向教育事业,尤其体现在对明爱中学的扶持上。

（3）"迪金森在中国"（Dickinson in China）,迪金森学院（Dickinson College，PA）③

迪金森学院与中国的历史渊源可以追溯到1881年。其校友贾腓力（Frank D. Gamewell）牧师于1881年8月前往北京成为公理教会的一名传教士,之后又担任华西教区（West China Mission）的总教长并任教北京大学,在义和团运动中受命于北京市长,负责加固城市的防御设施。迪金森的另一名校友约翰·约斯特（John W. Yost）也是华西教区的传教士,同时担任华西协和大学教授。1921年后,雷蒙德·布鲁尔（Raymond R. Brewer）取代了约斯特在华西教区的职位,成为迪金森在华西协和大学的在华代表,也标志着"迪金森在中国"项目的诞生。该处整理收集了与"迪金森在中国"相关的文献资料,一部分资料已数

---

① http://www.oberlinlibstaff.com/archon/index.php?p－collections/controlcard&id＝5&q＝shansi

② http://archivedb.carleton.edu/index.php?p＝collections/controlcard&id＝2862&q＝China

③ http://chronicles.dickinson.edu/specproj/dsoninchina/

字化,其余资料以元数据形式呈现。

(4)亚洲历史和文化珍藏,哈弗福德学院(Haverford College,PA)①②

哈弗福德学院校友威廉·卡德伯力(William Cadbury)作为医学传教士,将毕生精力贡献给了广东医院和岭南大学的医学事业。这部分珍藏包括他的信函、相片以及与他参加组织有关的公务文件。由于他的足迹遍及东亚各地,一部分资料也涉及其他东亚国家。

(5)传教士档案合集(1841年起),曼荷莲学院(Mount Holyoke College,MA)③

本档案集涵盖书籍、文章和其他出版物、未发表的文章、书信、笔记、列表、个人生平资料、捐款记录、以"传教之声"为题的词曲、一本签名册、一本相册及其他照片。材料涉及在非洲、中国、夏威夷、印度、日本、土耳其、美国等地传教人员(以曼荷莲学院校友为主)自1841年以来的文字记录。

(6)金陵女子文理学院档案集(1920年至1993年),史密斯学院(Smith College,MA)④

金陵女子文理学院档案集覆盖时间为1920年至1993年。其中大部分材料出自1920年至1950年之间,那段时期内史密斯学院和金陵女子文理学院交流十分频繁。主要材料涵盖信件、报告、照片和出版物。其他还包括文章、出版作品以及纪念品。很多信件出自校友委员会,内容有关金陵女子文理学院的规划以及会议记录。学院管理层和教授在汇报中发表了他们对中国动荡时局的看法。档案中同时包括了学院财务明细。值得一提的是几篇关于学院历史的文章,其中最有代表意义的是首任校长劳伦斯·思拉斯顿(Lawrence Thruston)的一本著作。以伍怡芳为代表的教授档案,记录了她在学院教学和生活的经历。各种学生团体的信函、记录和公告也从侧面展示了学院的早期历史。其他文件还包括中国基督教学院协会及其董事会、创始人会、联合委员会的档案。

---

① http://libguides.brynmawr.edu/content.php?pid=575616&sid=4746041
② http://dla.library.upenn.edu/dla/pacscl/ead.html?q=China&id=PACSCL_HAVERFORD_USPHCHCColl1192&
③ http://asteria.fivecolleges.edu/findaids/mountholyoke/mshm364.html
④ http://asteria.fivecolleges.edu/findaids/smitharchives/manosca16_main.html

(7)"格林内尔在中国"(Grinnell in China),艾尔弗雷德·海宁格和厄玛·海宁格(Alfred and Erma Heininger)档案,格林内尔学院(Grinnell College, IA)①②

格林内尔学院的一名毕业生受到同时期相似项目的启发,于1916年建立了"格林内尔在中国"的计划。学院与山东德州的博文中学(Porter-Wyckoff)正式建立了校际往来。格林内尔向中方提供资金、教师和行政人员。同时它和济南的山东基督教大学(齐鲁大学前身,Shantung Christian University)也建立了校际关系。1930年后受经济危机影响,学院切断了和中国学校的正式往来。尽管如此,格林内尔在华校友直至1941年美军对日宣战时,仍然留在博文中学的原有岗位上。学院于1987年和南京大学重新建立了往来。

艾尔弗雷德和厄玛·海宁格在创立"格林内尔在中国"的项目中起了至关重要的作用。以他们命名的档案集包括通信、回忆录、通讯、剪报、小册子、相片和剪贴簿。绝大部分材料出自1920年至1940年代,内容有关他们在中国的旅行、教学和工作。

(8)亚洲珍藏(包含4个与中国相关的特色馆藏),克莱蒙特学院(Claremont College,CA)③

亚洲剪报特藏涉及日美、中美、印美、韩美、蒙美、俄美和德美之间的外交关系,以及日本、中国、印度、韩国和蒙古的国内政治形势。

"加州学院在中国"特藏包括500多部历史、文学著作和地方志,其中有不少版本出自明、清。另外还有50多部期刊的原有版本。

美国在华传教士和教育者特藏收集有通信、日记、手稿、照片、报告、文章剪贴、宣传手册,展示了传教士和教育者在中国的经历。这个特藏始建于克莱蒙特研究院1969年到1971年的来华传教士口述历史项目,时间涵盖1889年至1972年,大部分材料出自1910年至1950年。

克莱蒙特口述历史专业在1970年和1971年启动了来华传教士口述历史

---

① http://divinityadhoc.library.yale.edu/ChinaCollegesProject/colleges/grinnell.html
② https://libweb.grinnell.edu/archives/?p=collections/controlcard&id=212
③ http://libraries.claremont.edu/sc/subject.asp#asia

项目,采访并转录了传教士的在华经历,受访人来自多种宗派,曾前往中国不同地区传教。

(9)"反鸦片"手册珍藏,德鲁大学(Drew College,NJ)①

此特藏涵盖27本有关19世纪末"戒烟"和"反鸦片贸易"的宣传手册和文稿记录。

(10)传教士文档集,霍普学院(Hope College,MI)②

霍普学院的中华传教档案的覆盖时间为1888年至1979年。收藏物件包括日记、自传、文章、通信以及论文集。包括:1888年著《厦门传教概略》、1909著《在华每日纪录》和《我们的中国岁月,1916至1930年》。这个档案集展示了赴华传教历史及传教士的亲身经历。涉及的传教士有:伊丽莎白·布鲁斯(Elizabeth G. Bruce),伊丽莎白·卡普恩(Elizabeth Cappon),爱丽丝·杜亦(Alice Duryee),琼·聂赫斯(Jean Nienhuis),海伦·奥特曼(Helen Oltman),普拉茨(J. Platz),罗斯·塔尔曼(Rose H. Talman),约翰·范·乃斯特·塔尔梅奇(John Van Nest Talmage),威廉·范德·米尔和阿尔玛·范德·米尔(William and Alma Vander Meer),佛罗伦斯·沃尔伍德(Florence Walvoord)和苑礼文(A. L. Warnshuis)。除文字记载以外,本档案集还包含来自传教时期的大量图片。

(11)艾米丽·哈特韦尔(Emily Hartwell)家族档案集和露西·莫尔斯(Lucy Morse)珍藏,惠顿学院(Wheaton College,IL)③

哈特韦尔档案集包括艾米丽·哈特韦尔家庭的文字记录、图片和物件,涵盖时间自1800年至1949年。艾米丽·哈特韦尔与家人在中国传教期间收集了不少展现福州当地文化特色的书籍和物品。部分藏品有中文描述。后来并入本档案集的一部分赠品来自宗教协会,包含有关燕京大学的资料。莫尔斯珍藏集中有一部分是来自中国的鞋子。

(12)葛维汉(David Grockett Graham)档案(1884年至1961年),惠特曼学

---

① http://uknow.drew.edu/confluence/display/Library/Opium
② http://digitalcommons.hope.edu/collection_registers/204/
③ http://archives.wheatoncollege.edu:8081/repositories/2/resources/6

院(Whitman College,WA)①

本档案集的资料有关葛维汉的生平和工作。葛维汉1911年抵达中国东南部开始其37年的传教生涯,同时在当地从事考古学、人类学和自然历史学研究。他于1948年返回美国,并定居科罗拉多州,1966年9月15日去世,享年77岁。

(13)三位来华传教士的档案集,伯洛伊特学院(Beloit College,WI)

A　博晨光(Lucius C. Porter)档案集②

博晨光博士是中国研究的权威学者,毕业于伯洛伊特学院。他坚信人类四海皆兄弟。他毕生致力传教事业,向中国青少年传递基督信仰、哲学和科学,并向美国社会介绍博大精深的中国哲学。博晨光来自宗教和教育世家,他本人出生在来华传教士家庭。他的祖父蔡平(A. L. Chapin)是伯洛伊特学院的首任校长。博晨光出生于中国,并在那里度过了童年时期,他从伯洛伊特学院和耶鲁神学院毕业后即返回中国,投身传教事业41年。

B　博恒理(Henry Dwight Porter)档案集③

博恒理于1845年8月19日出生在威斯康星州的绿湾市(Green Bay),1916年10月23日在加州拉梅萨(La Mesa)的家中去世。他是伯洛伊特学院在内战时100日志愿者之一。1867年他从伯洛伊特学院毕业,之后在耶鲁大学进行神学和医疗的双重培训。带着非同寻常的技能,他与同学明恩溥(Arthur H. Smith)一同开启了他们的中国事业。他在中国行医25年之久,在当地医院和药房为前来寻求帮助的民众提供医疗援助。

C　安妮·巴西特·凯利(Anne Bassett Kelley)档案集④

安妮·巴西特·凯利(1907年毕业),又名南(Nan),曾赴华担任教会学校老师。她的曾孙侄将她自1919年至1923年从中国寄至美国的大量信函,以及1940年至1990年期间来自中国养女及其他家属的信函捐赠给伯洛伊特学院

---

① http://nwda.orbiscascade.org/ark:/80444/xv84460
② http://www.beloit.edu/archives/documents/archival_collections/alumni/lucius_porter/
③ http://www.beloit.edu/archives/documents/archival_collections/alumni/henry_porter/
④ http://www.beloit.edu/archives/documents/archival_collections/alumni/anne_kelley/

档案馆。信函数量多达百余封。除了通信,档案馆还收到关于凯利在中国期间的照片和纪念物。这批手写和打印在薄纸上的信件生动地展现了凯利在华的日常生活和她的所思所感。

2.以"中国校友"文档为主题的收藏

宋美龄文档珍藏(1916年至2003年),卫斯理学院(Wellesley College,MA)①

本档案集的涵盖时间为1916年至2004年,内容包括宋美龄女士及卫斯理学院成员赠送给学校的珍贵资料,其中有文章、剪报及描述生平的照片、学生时代的手稿、出版物和物件,以及她和母校间的往来信函、演讲稿、访问母校的记录、媒体报道、班级通信、图片、剪贴簿、赠品。此外还有关于其政治生涯的出版物,如书籍、文章、演讲稿和有关她与蒋介石的剪报。

(2)宋氏姐妹文档珍藏,威斯里安女子学院(Wesleyan College,GA)②

"中国阅览室"收藏有宋氏姐妹合集。宋氏姐妹宋霭龄、宋庆龄和宋美龄是第一批留学美国的中国女性。阅览室中还包括一批后期捐给威斯理安女子学院有关宋氏姐妹的赠品。

(3)中国留学基金委员会档案集,布林莫尔学院(Bryn Mawr College,PA)③

布林莫尔学院的中国留学基金委员会由露西·马丁·唐纳利(Lucy Martin Donnelly)教授于1916年创办,其宗旨是为女性提供教育机会,通过引进代表中国优秀传统的留学生,将中国文化介绍给西方社会,以加深中美两国之间的理解。委员会每年可资助一位中国女学生来布林莫尔学院深造。第一位获得奖学金的中国女学生是刘丰琪(音译,Fung Kei Liu),1922年毕业于布林莫尔学院。1925年她回到中国创办了一所学校,后来成为香港岭南大学分校。自刘丰琪之后,又有12名中国及亚洲女性获得此项奖学金。她们毕业后

---

① http://academics.wellesley.edu/lts/archives/mss.1.html
② http://www.wesleyancollege.edu/academics/library/archives/chinaroom.cfm
③ http://dla.library.upenn.edu/dla/pacscl/ead.html? q=China&id=PACSCL_BMC_USPBmBMC198930&.

从事教师、医生等各项职业,也有人去了知名学府(如哥伦比亚大学和哈佛大学)继续深造。

3.以"文物"为主题的收藏

东亚艺术和历史档案珍藏,卫斯廉大学(Wesleyan University,CT)①

卫斯廉大学拥有一个规模较小的东亚艺术和历史档案馆藏。馆藏主要为东亚研究系提供资料。两个馆藏始建于1987年,第一批资料来自孟治(Chih Meng)博士(华美协进社的创始人)和他的夫人孟环守(音译,Huan-shou Meng)。馆藏目前包括300件不同种类的艺术品,30箱文件、档案及历史照片。艺术馆藏中有来自中日韩三国的画作、书法、版画、珍本、布料、瓷器等物件。有关中国的艺术品最为广泛,其中较珍贵的包括:胡适(1891—1962)的书法作品、丁辅之(1879—1949)和黄君璧(1899—1991)的画作、19世纪的源自北京故宫的一个衣橱、19世纪清朝官服、1726年版《古今图书集成》中的一卷、1861年版的《圣谕像解》。

4.地图收藏

日本出版的有关中国的地图,克拉克大学(Clark University,MA)②

在这个特色馆藏中,涉及大陆、台湾和香港的地图有60多张。时间为20世纪初期至20世纪中期。

5.口述历史

上海犹太社区口述历史珍藏,贝茨学院(Bates College,ME)③

上海犹太社区口述历史项目由贝茨学院前任历史教授史蒂夫·霍克斯塔德(Steve Hochstad)建立。本项目收集了上海犹太后裔的口述资料,主要采访对象是德语难民后代。采访内容包括了他们的幸存经历以及建造教堂、餐馆、剧院、学校和报社的过程。项目馆藏包括99盘录像带,内容为115个上海犹太人的采访记录。其中64个采访已有文字录入。目前录入工作仍在进行中。

在上述特色馆藏中,五所院校(欧柏林、卡尔顿、克莱蒙特、史密斯和惠顿)

---

① http://www.wesleyan.edu/ceas/about/art.html
② http://www.clarku.edu/research/maplibrary/japanese/index.cfm#fareast
③ http://abacus.bates.edu/muskie－archives/EADFindingAids/SJOH.html

已将部分藏品进行了"开放获取"(Open Access)性的数字化制作。网站调查中发现的其他数字特藏则在"查找指南"中没有相应描述。通过图书馆或档案馆网页的搜索引擎找到的数字特藏排列如下：

1.欧柏林与亚洲—山西数字特藏，欧柏林学院(Oberlin College, OH)①

2010年，俄亥俄五校联盟获得安德鲁·梅隆基金会的一笔项目资助，用于启动山西欧柏林传教士档案数字化项目。该项目选取了档案中一部分具有代表意义的资料进行数字化制作，其中包含了"欧柏林帮"成员和山西代表的照片、日记、信函、地图、新闻简讯和校友孔祥熙的部分照片和书信手稿。

2.霍尔多·汉森(Haldore Hanson)中国特藏，卡尔顿学院(Carleton College, MN)②

霍尔多·汉森(1912—1992)1935年从卡尔顿学院毕业后即赴华。他在北京一边在大学里教授英文一边学习中文，同时还担任当地一家英文杂志社的编辑。汉森后来受聘于美联社，成为在中国向外界报道红军长征的一位外国记者。同时期内，不光对国共两党内战进行了报道，也记录了国共军队和日军间的战斗。这部数字化特藏收录了汉森在1937到1938年间拍摄的多幅珍贵照片，包括了毛泽东、林彪、周恩来、朱德在延安的早期照片，以及著名的加拿大医生白求恩的照片。汉森夫人在汉森1992年去世后将他的照片集捐赠给母校卡尔顿学院。这组照片的另一套底片收藏在北京的中国人民革命军事博物馆。

3.20世纪海报特藏，克莱蒙特学院(Claremont College, CA)③

这个数字化海报特藏涵盖多个方向：第一次世界大战和第二次世界大战中的美国、中国抗日战争、中国的"文化大革命"以及第二次世界大战后的苏联。其中，"文化大革命"海报展示了毛泽东在宣传媒介中的领导人形象。海报画质精美，内容具有震撼力，为历史学家研究毛泽东身边的骨干集团提供了独特的视角。

---

① http://www.oberlin.edu/library/digital/shansi/
② http://contentdm.carleton.edu/cdm/landingpage/collection/China1949
③ http://ccdl.libraries.claremont.edu/cdm/landingpage/collection/tcp

4.现代素描,科尔盖特大学(Colgate University,NY)①

此项数字化特藏的主体是一部名为"时代漫画"的民国期刊,涵盖时间为1934年至1937年。内容以讽刺漫画和趣闻轶事为主,描写了20世纪30年代的上海,那时正是上海漫画界的黄金时代。

5.19世纪的台湾图片特藏,里德学院(Reed College,OR)②

这个数字化特藏集中展现了一组欧洲和美国视角中的台湾图片,描绘了岛上的不同民族、自然资源、野生动物和人造环境。这些文字和视觉资料、地图以及语言数据最早发表于19世纪的欧洲和美国的书刊上,对于今天研究台湾历史的学者来说尤为珍贵。

6.东亚图片特藏,拉斐特学院(Lafayette College,NY)③

东亚图片特藏是一个具有"开放获取"性质的数据库,包括照片、底片、明信片、帝国时代的日本、其侵占地区以及日本被占领时期的图片。照片内容涉及中国、日本、朝鲜和印度尼西亚。数据库中比较罕见的一部分照片是杰拉尔德·沃纳(Gerald Warner)驻美国国务院亚洲办事处时拍摄的。

7.亚洲研究特藏,伯洛伊特学院(Beloit College,WI)④

亚洲研究特藏内的图片主要源自莱特(Wright)艺术博物馆和洛根(Logan)人类博物馆中与亚洲历史有关的物件。这个数字化特藏为学院的东亚教学和研究提供了高质量的辅助资料。

8.亚洲艺术特藏,葛底斯堡学院(Gettysburg College,PA)⑤

此项特藏包含2000多件藏品,其中有文件、衣饰、礼器以及祭坛屏风。藏品制作材料包括陶瓷、玉、宝石、玻璃、青铜、象牙、木头、丝绸、纸张和其他纺织品,涵盖时期从商朝(前1700—前1027)至清朝(1644—1911),以及20世纪中期。藏品多数来自中国,其他来自日本、朝鲜、爪哇、印度和中亚。

---

① http://exlibris.colgate.edu/digital/index.html
② http://cdm.reed.edu/cdm4/formosa/intro.php
③ http://digital.lafayette.edu/collections/eastasia
④ http://dcms.beloit.edu/cdm/search/collection/freeman/order/title/page/1
⑤ http://www.gettysburg.edu/library/gettdigital/asianart/Search/browse.html

9.在中国和利比里亚的基督教女青年会海外秘书们,史密斯学院(Smith College,MA)①

此项数字展览中的资料选自青年女基督教协会五名成员的个人档案,她们分别为:贝西·博伊斯·科滕(Bessie Boies Cotton)、弗及利亚·海姆·乔治(Virginia Heim George)、鲁斯·洛伊丝·希尔(Ruth Lois Hill)、埃尔米娜·勒克(Elmina R. Lucke)、鲁斯·弗朗西斯·伍德斯莫尔(Ruth Frances Woodsmall)。这些资料展现了美国女性对当地迥然不同的风土人情的印象和看法。

10.露西·摩尔斯的中国鞋艺特藏,惠顿学院(Wheaton College,IL)②

此项特藏展示了源自世界各地的鞋子,这些地区包括中国、马耳他、阿根廷、法国和美国等地。露西·摩尔斯为了纪念她的母亲(1850年毕业于惠顿)于1942年将这些收藏品捐赠给了惠顿学院。

11.与中国相关的数字化图片,曼荷莲学院(Mount Holyoke College,MA)③

这些与中国相关的数字照片取自不同的文档集,照片内容主要是20世纪初至中期的中国留学生在曼荷莲学院留下的身影,以及学院校友20世纪初到中国传教时拍摄的照片。

## 结语

"中国"特藏数字化进程在文理学院日益加快,笔者认为其原因包括以下几方面:

1.新的东亚/中国研究项目稳步增加,原有项目不断加强,发掘本院校特色

---

① http://www.smith.edu/libraries/libs/ssc/ywca-os/ywca-home.html
② http://archives.wheatoncollege.edu:8081/search?page=1&q=Chinese&type=digital_object
③ http://mtholyoke.cdmhost.com/cdm/search/collection/p1030coll8/searchterm/China!still%20image%20photographs/field/all!format/mode/all!all/conn/and!and/order/title!type/page/1

馆藏,并将其纳入教学和研究中的呼声越来越高。

2.中国研究的跨学科性质日益显著,特藏使用人群不仅仅限于历史学家,更多学者如人类学家、艺术家、经济学家、政治学家和社会学家等开始将目光转向这批特藏。

3.兴起于大型图书馆、档案馆领域的数字化风潮开始席卷文理学院。通过加强数字技术提高信息获取率已成为各馆长议程中的重要项目。近年来,"数字人文"(Digital Humanities)和"数字学术"(Digital Scholarship)已经成为学术界的热门词。例如,汉密尔顿学院(Hamilton College)的"数字人文倡议"(Digital Humanities Initiative)[①]和俄亥俄五校联盟(Five College of Ohio)的以"教学与学术为重点的数字特藏"(Digital Collections: from Projects to Pedagogy and Scholarship)[②]已成为美国文理学院数字人文项目的成功典范。

4.面向文理教育的各种项目资金提高了特藏数字化的可行性。例如,伯洛伊特学院的亚洲研究数字特藏获得了弗雷曼(Freeman)基金会的支持;欧柏林学院的亚洲—山西数字特藏则是由安德鲁·梅隆(Andrew Mellon)基金会资助建设的。

在"中国热"席卷全球的今天,越来越多的文理学院开设了中国研究课程,有的院校为支持课程和研究的需要甚至增加了学科馆藏。由于图书馆和档案馆致力开发在线特藏指南和数字化项目,中国特藏发掘率和获取率逐渐提高,藏于各院校中的瑰宝正重现光芒。随着日益增多的学者将视线转向这片领域,并开始使用这批珍藏,文理学院特色馆藏也将迎来更广阔的发展空间。

---

① http://www.dhinitiative.org/
② http://digitalscholarship.ohio5.org/

## 参考文献

*The Oberlin Group The Oberlin Group A Consortium Of Liberal Arts College Libraries*. N.p., n.d. Web. 31 Dec. 2014.〈http://www.oberlingroup.org/group-members〉

新华通讯社译名室:《英语姓名译名手册》,北京:商务印书馆,2004。

中国社会科学院近代史所:《近代来华外国人名辞典》,北京:中国社会科学出版社,1981。

# 民国基督教先驱再认识：
# 耶鲁神学院图书馆藏宋尚节档案解读

◎李唐 ①

**摘 要：**

宋尚节(1901—1944)是20世纪30年代具有巨大影响力的基督徒,在他短暂的15年传教生涯里,传教的足迹遍布大半个中国和东南亚,带领了成千上万的人信仰了基督,复兴了上百个教会。长期以来,有关宋尚节的研究主要基于他的自传体见证、二女儿宋天真选编的日记摘抄等资料。2014年3月宋天真儿子王天声将其外祖父生前所有的日记、书信、手稿等全部捐赠给耶鲁大学神学院图书馆,为深入研究宋尚节和民国基督教大开方便之门。本文以耶鲁新收藏的宋尚节档案为研究对象,详细阐述其内容、格式、历史等,并重点释读宋尚节的部分中英文日记以展现其极高的研究价值。文章最后简短探讨档案的使用、保护和数字化等问题。

**关键词：**

宋尚节;基督;民国;耶鲁神学院图书馆

---

① 李唐,耶鲁大学东亚图书馆参考咨询部主任(Public Services Librarian, Yale East Asia Library)。

## Chinese Christian Leader Revisited:
## John Sung Papers at the Yale Divinity Library

◎ Tang Li

**Abstract:**

John Sung (1901–1944) was a renowned Chinese Christian evangelist who played a leading role in the revival movement in China in the 1930s. During his brief fifteen years of public ministry, Sung converted thousands of Chinese believers and revived hundred of churches in China and Southeast Asia. Sung's reputation has long been based primarily on his autobiography and excerpts from his diaries that his daughter Levi Sung selected and published. Levi's son, Timothy Wang donated the complete collection of John Sung papers to the Yale Divinity Library in March of 2014, which shed new light on Sung's life and work, as well as Christianity in Republican China. This paper will give a detailed account of provenance, content, and format of all the materials included in the papers. It will closely examine selected English and Chinese diaries from Sung to demonstrate their high research value. This paper will end with a discussion of issues such as access, preservation, and digitization associated with John Sung papers.

**Keywords:**

John Sung; Christianity; Republican Period; Yale Divinity Library

## 前言

耶鲁大学神学院图书馆长期以来致力收藏西方传教士以及基督教在中国的传播、组织、发展等的资料，其特藏部已经拥有1700多线性英尺（linear feet）的档案资料，时间跨度从19世纪30年代直至20世纪50年代，包括400多个西方传教士的个人档案，不仅完整地记录了晚清至民国期间的传教情况，同时见证了大量的重大历史事件，譬如义和团运动、南京大屠杀等。本文探讨的宋尚节档案是耶鲁神学院图书馆最新接收的中国研究资料。

宋尚节(1901—1944)是20世纪30年代具有巨大影响力的基督徒，他的事迹和传教活动至今还在中国和东南亚华人基督教圈里广为流传。美国著名中国基督教研究专家裴士丹(Daniel Bays)赞誉他为"上世纪30年代中期中国基督教奋兴运动最具影响力的人物"。① 在他短暂的15年传教生涯里,布道的足迹遍布中国和东南亚,带领了成千上万的人信仰基督,极大地推动了民国时期基督教在中国和华人社会的传播和发展。

长期以来,有关宋尚节的研究大多基于他的自传体见证、查经、讲道集,以及二女儿宋天真(1932—2014)选编的日记摘抄等资料。耶鲁神学院图书馆去年有幸接收宋尚节遗留下来的全部日记原稿、书信等一手资料,使我们有机会得以重新审视这位民国基督教的先驱人物。

## 宋尚节生平简介

1901年9月27日,宋尚节出生于福建莆田县凤迹村的牧师家庭,小名天恩,号华翰。② 父亲宋学连在美以美会担任牧师,1907年带领全家迁至兴化,出任兴化福音书院的副院长。宋尚节深受父亲的宗教影响,从小就为父亲分担教会事务,中学时期经常跟随父亲去乡村布道,协助父亲编辑《奋兴报》,有时还要代父亲主领聚会或讲道,有"小牧师"和"小圣"之称。③

1919年夏宋尚节高中毕业以后,在兴化美以美会的一名美籍传教士的鼎力帮助下,获得一个免学费的名额,前往美国俄亥俄卫斯理大学(Ohio Wesleyan University)学习神学。1920年初他离开家乡到上海搭船远赴重洋,开始了长达七年的美国留学生涯。他到美国后不久就改变初志,没有入读预先安排的神学专业,而是转读化学,并在课余打多份零工,辛苦赚取生活费。1923年以最优等成绩提前取得学士学位,随后进入俄亥俄州立大学(Ohio State University)继续深造,分别在1924年和1926年以优异成绩获得硕士和博士

---

① 裴士丹(Daniel H. Bays),"Christian Revivalism in China, 1900−1937",收于 Edith L. Blumhofer and Randall Balmer 主编,*Modern Christian Revivals*, University of Illinois Press, 1993 年版, 第 173 页。

② 林旭鑫:《宋尚节神学思想研究》,2013 年福建师范大学硕士论文,第 9 页。

③ 李亚丁:《宋尚节》, http://www.bdcconline.net/zh−hans/stories/by−person/s/song−shangjie.php(2015 年 9 月 30 日)。

学位。

宋尚节博士毕业后,化学教授推荐他去德国专攻化学,北平协和医院电聘他回国教授生理化学,但他经一个美国牧师指点后决定回归宗教,转读神学,于1926年9月进入纽约协和神学院(New York Union Theological Seminary)学习。然而他很快发现自己来到一个"徒有神学招牌而没有属灵空气的神学院,头脑知识多了一点,而灵命是不会长进的"。① 1927年2月10日夜晚,宋尚节经历了令他终身难忘的属灵重生经验,在之后的几天里,他性情大变,"不时到外面去布道作见证,流泪劝人们来就基督……时而高歌赞美,时而流泪低吟"。② 学校认为宋尚节精神状况不稳定,于2月17日将其强行送入纽约精神病院百花谷医院(Bloomingdale Hospital)住院治疗,前后总共193天。

宋尚节在精神病院期间,曾尝试用40种方法来解读《圣经》,并做了大量的笔记。他后来提及此经历,以及很多后人写作的传记,都认为当时被关进精神病院毫无必要,权当作对他人生和传道事业的一种磨炼。此次耶鲁神学院图书馆新收的宋尚节档案里保留了他在精神病院时写作的全部日记,从当时的记录可以窥探到他的精神状态的确不太稳定,笔者稍后会举例说明这些日记。

宋尚节的美国朋友乌夫妇在8月底将其保释出精神病院,他于1927年10月从西雅图搭船返回中国。他先在家乡福建兴化一所教会学校教授化学和《圣经》,一年后辞去教学工作开始全职传道,主要集中在福建沿海的城镇和乡村地区。1931年5月到1933年11月,宋尚节与伯特利布道团合作布道,"足迹遍及中国各地,北至东北三省,南及港、粤、桂、闽,往东基本是沿海省市一线,往西达湘、鄂、晋、内蒙"。③ 1934年,他脱离伯特利布道团,成为独立自由的布道家,之后的八年里在中国四处奔波传道,并先后五次远赴东南亚,引领成千上万的人信教,极大地促进了当地教会的复兴。常年的拼命工作和布道导致他痔疮痼疾恶化,于1944年8月18日在北平协和医院去世,终年42岁。

---

① 利未编:《失而复得的日记——主仆宋尚节日记摘抄》,宣道出版社,2006年版,第31页。以下有引用则简称《失而复得的日记》,只注明页数。
② 《失而复得的日记》,第36页。
③ 林旭鑫:《宋尚节神学思想研究》,2013年福建师范大学硕士论文,第10页。

## 宋尚节中英文研究简述

有关宋尚节的中英文文献以传记、见证、讲经集、圣经故事、日记摘抄等为主,而对他的学术研究相对比较少。中文文献里目前唯一以宋尚节为主题研究的专著是福建师范大学林旭鑫在 2013 年完成答辩的硕士论文,其题目是"宋尚节神学思想研究"。林重点考察了宋尚节的两大神学核心思想:"认罪"和"重生"。在分析的基础上对其神学思想进行了评估,以考察其带来的影响。遗憾的是,论文并没有参考任何原始的档案资料,而是大量引用宋尚节的见证、讲经集和日记摘抄等出版物。相比而言,英文文献对宋尚节的研究更为全面和深入。目前已有三篇博士论文[①],最新的是美国波士顿大学全球基督教和传教中心副主任达利·艾尔兰(Daryl Ireland)在今年 5 月完成答辩的博士论文,其题目是"宋尚节:中国和东南亚的基督教复兴"(*John Sung: Christian Revitalization in China and Southeast Asia*)。艾尔兰重点考察宋尚节在中国和东南亚地区展开的一系列基督教复兴活动,它们在 20 世纪 30 年代末影响到全中国十分之一的新教徒。值得一提的是,艾尔兰在 2010 年听说宋尚节外孙王天声牧师将其外祖父的日记原稿电子版捐赠给新加坡三一神学院之后,便远赴重洋去当地查阅资料,因此他的博士论文里首次引用了不少宋尚节的原始日记,着重分析其复兴布道与市民阶层、妇女以及按手医治奇迹等的紧密联系。

## 耶鲁神学院藏宋尚节档案综述

耶鲁神学院图书馆收藏的宋尚节档案总量将近 4 线性英尺,分放在 8 个档案盒里,内容包括他从 1919 年到 1944 年写作的全部日记,美国留学期间与父

---

① 其他两篇博士论文是:Yun-Han Gwo, "Indigenous Preaching in China with a Focal Critique on John Sung," PhD diss., Southern Baptist Theological Seminary, 1982; Chin Cheak Yu, "Uncovering Seeds for Awakening and Living in the Spirit: A Cross Cultural Study of John Sung and John Wesley," PhD diss., Claremont School of Theology, 2001.

母的通信与明信片，在中国传教期间的通信、代祷册，以及他的著作和笔记（讲经集、圣经故事、病中回顾等）。档案曾经由其二女儿宋天真保管多年，2014年她在去世以前同意将所有档案捐赠给耶鲁神学院图书馆，之后由她的儿子王天声牧师将档案全部移交给图书馆。

宋尚节档案的重要组成部分是他的个人日记，对全面深入研究这一位民国基督教先驱人物具有至关重要的价值。日记开始于1919年农历六月三日（公历6月30日），当时他刚从福建哲理中学毕业，一直记录到他去世前的三个半月，即1944年5月1日。宋尚节早期的日记写作比较零散，直至1927年2月经历过纽约神学院重生并随后被关入精神病院以后才开始"有恒心与毅力"①地写日记，"即使工作再疲累，一天领三四次会，仍然坚持写日记。病重体弱无力执笔时，就自己口述，请他人代为执笔，直到他一九四四年八月十八日安息主怀的前夕"。②

从日记的主要内容看，宋尚节写日记的主要目的是为了记录他的传教工作、属灵见证和体会，极大地反映出他对基督教的无比忠诚和热爱。因此他的日记里充满了圣经笔记、祷告、见证、传教活动、按手医治奇迹、在中国各地和东南亚的多次传教旅行，以及代祷人姓名等，每一个事件和经历都记录得非常详细，密密麻麻地写满了整张纸。除此之外，日记里也包含了大量与基督教无关的内容，例如他的日常起居、梦境、身体状况、个人和家庭事件，以及他对同胞和中国社会、文化与政治的观察和看法，等等。

宋天真曾于1995年和2006年在香港出版过两版宋尚节日记摘抄，主标题分别为《灵历集光》和《失而复得的日记》，使宋的日记内容得以被公众广泛阅读和流传。不过摘抄仅仅着重节选了一小部分和宋尚节的基督教信仰与传教有关的记录，原版日记的大部分内容并没有公之于众。特别是他在精神病院期间写作的日记，宋天真仅仅节选了1927年3月写作的四篇，强调他在住院期间用不同的方法阅读《圣经》，省略了有关他当时治疗、起居、心理历程等重要内容。笔者会在下一章节释读宋尚节的部分原版日记，以展示它们极高的研究价值。

---

① 《失而复得的日记》，前言。
② 同上。

宋尚节档案包括他在美国留学期间和父母的不少通信与明信片。非常有趣的一个发现是他在俄亥俄卫斯理大学读本科时寄给父母的特拉华城（Delaware）地图，即其大学所在地。他用中文详细注解了特拉华城的城市街道名和重要建筑物、学校及其特拉华城的主要大楼、男女生宿舍以及他自己的住所。在地图的背面，他高度赞扬了美国城市规划，"城中街路俱纵横有序，故行人若有地图，则必能寻到所达之地点"。宋尚节青年时代注解的这幅美国大学城地图可以窥见他当时的学生生活和宗教活动，以及他初入美国对当地社会的认识和看法。

## 宋尚节日记原稿释读

### 1.疯人院日记

宋尚节人生最大的转折点莫过于他被强行送入百花谷精神病院的经历，从1927年2月17日直到8月30日，前后一共193天。他的诊断结果是"妄想狂症/早发性妄想狂痴呆症"（paranoid condition/paranoid dementia praecox）。[1]他自己以及他的家人和信徒在后来讲述这段经历时，都坚持认为他当时精神状态没有任何问题，只是他异于常人的重生经验被纽约神学院误认为是精神病。现有对宋尚节在精神病院的记述大多依据他在《我的见证》里的回忆，强调他自己如何通过在医院里勤奋虔诚地研读《圣经》来成功克服困难和折磨，难免让人觉得有疏漏和美化之嫌。此次耶鲁神学院图书馆收藏的宋尚节档案里存有当时写作的全部日记，封面自题为"疯人院日记"，记录了他在住院期间的治疗情况、生活起居、心理过程等，使得我们可以客观全面地解读他当时的精神状态，

---

[1] "Bloomingdale Asylum discharge ledger for Sung, August 31, 1927, New York Weill Cornell Center Archives, New York, NY. The initial diagnosis appeared in the records of a meeting at the asylum on April 28, 1927, where Sung's case was discussed. The discharge ledger stated that his condition was much improved and that he was suffering from 'psychosis with psychopathic personality.'" 参见 notes ♯29，连曦（Xi Lian）著，*Redeemed by Fire：The Rise of Popular Christianity in Modern China*，Yale University Press, 2010, p.269.

以及这段经历对他后来人生和事业的影响。

《疯人院日记》大致可以分为两部分:第一部分从2月17日至4月11日,完全用英文书写;第二部分从6月23日至8月30日,包括有很多中文写作的日记。本文将重点介绍第一部分的英文日记。

英文日记的字迹非常潦草,难以辨认,幸得耶鲁神学院图书馆特藏部主任玛莎·斯摩利(Martha Smalley)女士的专业释读,才得以了解一二。日记除了简短记录他每天的生活,包括有大量的自我反思、赞美诗歌词、插图、图表等,有一些陈述具有明显的妄想倾向。比如在1927年2月19日的日记里,他作如下记载:

Today I came to the realization that my future call is to establish the united states of the world. I further discovered that "*The National Geographic magazine*" Feb. 1927 is a living revealation [sic] of the new world to come.

(今天我发现自己将来的使命是建立世界共和国。我更发现1927年2月号《国家地理杂志》活生生地揭示了即将来临的新世界。)

又比如在3月27日,他作如下陈述:

We love birds because they seem to help us in our fighting. We are labor gangs after all. We are called by the playmates to be the servants of all and we accept the challenge. Mother seems to encourage us right along.

(我们热爱鸟,因为它们可以帮助我们战斗。我们毕竟是劳苦大众。同伴召唤我们为大众服务,我们接受这一挑战。圣母鼓励我们一起战斗。)

有意思的是宋尚节并没有在出院以后匿藏或是销毁这些住院日记,而是完整地保存了下来,尽管绝大部分都没有公之于众。当下对宋尚节的研究倾向于将他神化为完美无瑕的中国基督教传教先驱,对他住院日记里体现出的独特人格和心理状态的深入探索和研究,无疑会让我们对他有一个更为人性化的认识。

2.宋尚节日记摘抄与原稿初步比较研究

前文提到过宋尚节的二女儿宋天真曾系统化整理父亲遗留下来的日记,于1995年和2006年在香港出版过两版宋尚节日记摘抄,题名分别是"灵历集光"和"失而复得的日记"。这两版日记为研究者阅读和理解宋尚节日记大开方便之门,一直以来都被学者推崇为研究宋尚节的最为可靠的一手资料。但笔者将日记原稿与摘抄进行过粗略的对比之后,发现日记摘抄存在不少问题,并没有完全真实地再现原始日记。首先,如前文所述,摘抄的日记经过非常严格的筛选,其目的很明显是为了展现宋尚节一生的属灵历程。日记的大量记载并没有公开,特别是其在精神病院期间以及与基督教无关的内容。其次,宋天真并没有完全按照原文抄写她父亲的日记,而是作了大量的编辑和改写。宋尚节由于受过良好的中国传统教育,写日记喜欢用文言文。或许是为了便于当代读者更容易理解日记内容,宋天真将选取的日记段落大量直译或意译成白话文,其中不乏有误译或是误解之处。最为重要的一点是,宋天真的日记摘抄不仅经过严格筛选和海量转译,而且也经过大量的改动和删减。《失而复得的日记》的前言里提到"用日记写传记"[1],也许暗示了宋天真在日记摘抄里有意识地输入了自己的行文和价值观。笔者在这里将选取两篇原版日记与日记摘抄做比较,以展示日记摘抄里的改动、删减和错误,以及原版日记的重要研究价值。

1)1927年9月11日

两版宋尚节日记摘抄里都选录了1927年9月11日一位眼盲、耳聋且结舌女子在乌夫妇家里为他弹奏钢琴的奇遇,虽然她身有残疾,但是她的脸上充满喜乐,"如活在另一个大地"[2]。宋尚节为这名女子弹奏了一曲,令他吃惊的是,

---

[1] 《失而复得的日记》,前言。
[2] 《失而复得的日记》,第41页。

该女子竟然依照他的曲子原样弹奏了一遍,而且弹得很好。于是宋尚节在众人面前发出如下评论:

> 我愿聋、盲及结舌。聋于讥,盲于荣华、富贵,而结舌于自矜及攻人也。①

将两版日记摘抄与原版日记相对应,发现在《灵历集光》版本里不仅将宋尚节的评语转译成白话文,还被衍生成为"灵训"②:

> 作神的忠心仆人,眼睛要完全不看世界的财利,耳朵不听人的讥刺和辱骂。人骂我,讽刺我时,我不还口。惟有这双手要作神要我作的工。现在活着的,不再是我,乃是基督在我里面活着。③

《失而复得的日记》版本里则变成完全引用日记原文,大概是觉得《灵历集光》的改动曲解了原意。然而仔细研读日记原文,会发现两版日记摘抄里都刻意删减了宋尚节引发此评论的真实场景。原版日记清楚表明他是在晚上与乌太太和一个名叫大卫的人一同从教堂聚会回家的路上,对他们俩说了这一段话,当时眼盲、耳聋且结舌的女子早已离去。让他有感而发的缘由似乎和他在聚会上受到的鄙夷与讥讽有更为直接的关系。以下是原版日记里描述的当时教堂聚会情形:

> ……多数学生视我为大学第一年级生。有卑鄙意。及闻我乃博士,骇甚。有前向求教者。Budy 之母意我不能英语。乌妇之母讥我语太速。……

---

① 《失而复得的日记》,第41页。
② 利未编:《灵历集光——主仆宋尚节日记摘抄》,甘肃定西基督教会,1998(?),第26页。以下有引用则简称《灵历集光》,只注明页数。
③ 同上。

也许是在教堂里如此不愉快的经历使他联想起早上遇见的眼盲、耳聋且结舌之女,于是他以此为隐喻,借以发泄在教堂聚会时别人对他以貌取人和嘲讽的不满,从而维护自己的尊严。宋天真特意将此评论与眼盲、耳聋且结舌之女的钢琴演奏拼凑在一起,其意图应该是为了抬高评论的意境,与宋尚节一直以来被塑造成为忠诚和谦逊的上帝信徒的公众形象相吻合。

2)1930 年 10 月 22 日

两版日记摘抄里都选编了宋尚节在 1930 年 10 月准备动身去南日岛传教的时候遭到妻子余锦华阻拦的事件。锦华希望宋尚节不要外出,因为家里有好几名成员都生病了,"新生的小男儿患胎毒,病很重。锦华生癣,女生疥"①。宋尚节婉拒了妻子的请求,因为他已经将全身心都托付给传教事业,"只有将这个家交托给主"。②他对锦华讲述了"许多圣女、历代女英雄可歌可泣的感人故事"③,并告诫锦华:"家庭的劳累亦是最美的十字架,如能追忆主代死之苦,则可以得胜矣!"④这段事件的描述非常感人和励志,其被宋天真转录在摘抄里的目的,显然是为了突出她父亲对基督教事业的极度忠诚与热爱。

然而当笔者将摘抄与原版日记作比照的时候,却惊讶地发现宋天真有意篡改了整个事件的原始描述,并掺杂了不少个人对家庭和传教事业关系的见解。《灵历集光》的改动尤为突出,相关引文如下:

> 林瑞玉等没有家庭之累,专门研究《圣经》,从未养育过子女者对主代死的爱,实在不能体会。如果能用救主之爱,帮助两个小孩成长,在天之赏赐大矣!所负之十字架或救我大矣!有家庭之累者方有家庭之乐,独身顾有趣,然久则淡然无趣矣!⑤

---

① 《失而复得的日记》,第 82 页。
② 同上。
③ 同上。
④ 同上。
⑤ 《灵历集光》,第 60 页。

笔者仔细阅读了宋尚节出行南日岛前几天写作的日记，并没有发现其提及林瑞玉的名字，也许他在其他的日记里曾记录过此人，亦有可能是宋天真自己的论述，这恐怕只有通读宋尚节的所有日记段落才能下定论。不过宋天真在《失而复得的日记》里将以上的引文完全删除，或多或少印证了其内容大概是拼凑或杜撰的。那么宋尚节到底是如何记录自己出行南日岛之前的情况呢？以下是1930年10月22日的原版日记节选：

> ……早餐与华言及历代女英雄之可钦可歌点。与《圣经》所载许多圣女可贵可傚点。劝华守己圣善……华再三阻挡南日风浪更令我吃惊，遂下楼与太屏秋二人讨论赴南日难能处，给许多理由追念神示的《腓力比书》1：20……儿患胎毒利害，但我已把一切交付主……

依据原版日记的记录，宋尚节妻子阻拦他去南日岛的真正原因是当地可能会出现的恶劣天气。所谓可歌可泣的圣女感人故事只是他们夫妇在早餐时候的随性对话，并非是宋尚节用以婉拒妻子让他留下的言辞。不过他的确在日记里有表明将全身心托付给主的决心。显而易见，原始的记录缺乏摘抄里呈现出的强烈的家庭冲突和意味深长的教诲，整个记述显得有些枯燥、平淡无奇，也许正因为如此，宋天真决定在摘抄的时候重新演绎这一事件，并在改编的时候不惜以矮化她的母亲为代价来拔高她父亲的形象。

## 结语

综上所述，宋尚节档案对全面深入研究这一位民国早期的基督教领袖提供了最为权威和详实的资料。一直被视为一手资料的宋尚节日记摘抄实际上存在不少疏漏、删改等问题，因此学者们需要重新审视当前的宋尚节研究，特别是那些以摘抄为主要资料来源的传记、著作和论文。如前文所述，宋尚节日记包括有不少非基督教的内容，可以为历史学、社会学等研究者所用。例如宋尚节喜欢详细记录他每天的日常饮食和价格，并经常发表对同胞、社会和时事的评论,这些可以成为研究民国时期平民生活和社会变迁的重要资料。再如宋尚节从精神病院住院日记开始,长期记录自己的梦境,并画一些匪夷所思的插图和图表等,心理学家可以用这些记录来追踪调查研究他的心理健康和精神状态。

**宋尚节档案的使用、保护和数字化**

宋尚节档案里有不少纸张因年代久远而变得很薄,非常容易破损,需要尽量减少对原件的翻阅。宋氏家人已经将宋尚节1927年11月9日至1944年5月1日写作的日记全部数字化,图像档案分别存放在耶鲁神学院图书馆以及新加坡的三一神学院图书馆。耶鲁神学院图书馆的首要任务是与图书馆的文献保护部门合作,将宋氏家人没有数字化的日记和其他文件转化成图像文档。

在接收宋氏家人捐赠档案原件和图像文档的时候,耶鲁神学院图书馆和他们探讨过图像文档对读者的开放和使用问题,得出的结论是允许读者在馆内使用,但不能将其对外公布在图书馆的网站上。耶鲁神学院图书馆会在今后考虑采取读者网上认证的方式让他们能够远程使用图像文件。

耶鲁神学院图书馆已经编纂好宋尚节档案的在线指南(http://hdl.handle.net/10079/fa/divinity.263),供全世界的学者查阅使用,希望能藉此促进和推动对宋尚节、民国基督教乃至近现代中国发展的深入研究。

# 史德文在巴塘:
# 初探基督神学院图书馆基督会档案①

◎朱润晓②

**摘 要:**

美国印第安纳基督神学院图书馆基督会档案中藏有清末民初传教士史德文医生和其他基督会人员在四川康定和巴塘一带的活动档案、照片和文献等。本文作者通过对基督神学院图书馆新近发现的照片、文献材料的考量,加上对当时出版的基督会期刊《世界之声》中关于巴塘和西藏传教情况的文献、摘要汇总解析,希望能重现史德文在巴塘的岁月以及巴塘的文化历史。这些珍贵的历史资料提供了四川康区在民国时期的第一手资料,对于研究基督会在康藏地区的传教活动具有重要的价值。这些相关档案、照片和文献等,对研究边远地区传教史和康区的基督教传播等领域同样极具文献价值。

**关键词:**

清末民初;四川康区;基督会;史德文;边疆传教士

---

① 笔者非常感谢基督神学院档案室 Scott Seay 教授和图书馆馆长 Anthony Elia 先生在提供档案和文献材料上给予的支持和帮助。
② 朱润晓,美国佛州湾庄艾龙图书馆馆长(Library Director, Elling O. Eide Library, Florida)。

Dr. Albert L. Shelton in Batang: A Preliminary Examination of Disciple of Christ Archives at Christian Theological Seminary Library

◎ Runxiao Zhu

Abstract:

Recently discovered documents and photos at Christian Theological Seminary Library, Indianapolis (CTS) reveal the details of the distinguished and famed missionary Dr. Albert L. Shelton during his time in Batang, Sichuan. This paper examines the photos, Tibetan language books and the papers published contemporarily in *World Call*— the United Christian Missionary Society (UCMS) journal—in order to have a better understanding of Dr. Albert Shelton's time in Batang. These valuable materials at CTS are very important for scholars who study the history of the UCMS missions in China, as well as those who do missionary studies along the Sino-Tibetan borderland.

Keywords:

Late Qing & Early Republican; Kham-Sichuan; UCMS; Albert L. Shelton; Missionary in Sino-Tibetan Borderland

# 前言

美国印第安纳基督神学院图书馆（Christian Theological Seminary Library）最早为基督会下属教会学院（College of Mission）的一间图书室。由于历史原因，馆内大量关于基督会传教士的资料和档案一直以来缺少有效的管理和整编，仍然处于被雪藏的状态。这些材料包括了19到20世纪基督会传教士的个人档案材料和照片、在世界各地的传教活动记录，以及各地相应翻译和出版的基督教书籍等。本文主要讨论的史德文研究资料就是该馆最新整理的基督会档案之一。

史德文（Dr. Albert L. Shelton，1875—1922）是20世纪初最早进入藏区

的三位美国人之一。①他不仅是第一位把外科手术技术带进藏区的医生,也是第一个获准在卫藏地区建医院的外国人。因为史德文通晓汉藏两种文字,他也常常帮助调解矛盾和化解当地的汉藏纠纷等。②在 20 年康藏区传教生涯里,他不仅仅为康藏区的汉民、藏民提供各种医疗救治,还历经艰辛,翻山越岭数千公里行医治病,并两次被土匪劫持,最终献身于巴塘和昌都地区的基督教传教事业。

长期以来,关于史德文的研究并不是很多。国外对史德文的研究主要基于史德文本人的传记和史德文夫人的回忆录。虽然国内对史德文的事迹和基督会在康区的传播研究在十年前就已经开始,但是由于汉文资料的缺失,加上所需的大量相关的外文文献档案资料可获得性非常有限,致使关于史德文和基督会在四川康区传教和医疗活动的研究趋于单一。基督神学院图书馆这批重新发现的基督会档案,包括照片、地图、文献等一手资料,在一定程度上能帮助我们重识史德文在巴塘的传教情况。

## 史德文其人

1875 年 6 月 9 日,史德文作为家里的长子,出生在印第安纳州的首府印第安纳波利斯的一户工人家庭。五岁的时候,他随全家迁往堪萨斯州,并在那里长大和接受教育。③ 1895 年秋天,20 岁的史德文进入安波利亚城(Emporia, Kansas)的堪萨斯州立师范学院(Kansas State Teacher's College)求学。在那里,他认识了佛洛拉小姐(Ms. Flora Beal)。不久之后,史德文应征入伍,参加了美西战争(Spanish-America War,1898 年 4 月 25 日至 8 月 12 日)。1898

---

① 胡岩:《早期进藏的美国人》,《西藏民族学院学报(哲学社会科学版)》2006 年 3 月第 27 卷第 2 期。

② 赵艾东:《美国传教士史德文在 1918—1919 年康藏纠纷中的活动和角色》,《西藏研究》2008 年第 6 期,71—79 页;《20 世纪初美国传教士史德文在康区打箭炉的医疗活动》,《中国藏学》2008 年第 3 期,115—146 页。

③ Douglas Wissing. *Pioneer in Tibet: the Life and Perils of Dr. Albert Shelton*. (New York: Palgrave Macmillan, 2004): 7.

年11月,史德文退伍后回到安波利亚城继续就学。他与佛洛拉小姐在1899年4月成婚。婚后第二年,史德文获得奖学金,就读于肯塔基大学（Kentucky University）医学系。①

史德文在医学系就学期间,向总部位于辛辛那提（Cincinnati）的基督会海外布道会（The Foreign Christian Missionary Society）提交申请,希望成为一名医疗传教士。1902年,史德文和妻子去内布拉斯卡参加奥马哈传教士国际会议（Omaha Convention, Nebraska）时,对刚从西藏传教回来的基督会传教士凌苏珊医生（Dr. Susan Rijnhart, 1868—1908）的报告尤有感触。加拿大籍的凌苏珊很早就开始在康藏一带传教,但是那一带山路险峻、土匪出没,传教事业很难系统性地开展。在短短的数月内,凌医生的丈夫被土匪杀害,而幼子也早早夭折。由于这些不幸,在奥马哈会议上,她表示了对康区传教事业的失望。②坐在万人观众席里的史德文,却被这听起来困难重重的使命所吸引。原本要被派去中国内地传教的史德文会后主动提出要去康藏地区进行传教事业。因为他相信只要有基督的爱,任何困难都可以被征服。1903年9月史德文夫妇便跟随凌苏珊医生一起从旧金山出发,辗转到达上海,先后历时七个月,于1904年3月15日到达打箭炉（现康定）。③

由于战事连连,1907年基督会把基地从打箭炉搬去了巴塘。史德文一家后来一直驻守在巴塘。在此期间,他两次被土匪绑架。最长的一次,被囚禁长达65天。1919年至1920年间,他两次返回美国基督会总部筹集资金并购买医疗器材。1921年,史德文从美国采购30吨医疗设备和器材运抵巴塘。同年

---

① *Ibid*, 31—39.

② 关于早期的基督会在康区的活动和凌苏珊医生事迹,参见:"On the Roof of the World." In *World Call*. St. Louis, MO: United Christian Missionary Society (July 1921): 13.关于史德文去藏区的故事,参见: Bert Wilson. "Come on: the Last Call of Dr. A. L. Shelton of Batang, Tibet." In *World Call*. St. Louis, MO: United Christian Missionary Society (April 1922): 4—6.

③ 关于史德文第一次旅行的记录在赵艾东的《1919年前早期入藏的北美人士与中西文化交流——以其有关康藏论著在西方的影响为中心》(《西藏大学学报（社会科学版）》2013年6月第28卷第2期,79页)也有详述。

秋天,第一所西医院在巴塘建立。①1922年2月15日,史德文医生一行人离开巴塘前往噶达克地区,与当时藏东区藏军司令商议前往拉萨一事。途中史德文收到对方来信告知暂缓行程,因为前往拉萨的通行证需要昌都地区的大喇嘛噶伦喇嘛签发。于是史医生一行人于2月16日早上返回巴塘。途中遭遇土匪袭击,史医生本人中枪负伤,食物和牲口被一抢而光。虽然当时史德文自己进行了临时的急救措施,但是由于失血过多、伤势恶化,于1922年2月17日凌晨零点48分在巴塘医院里过世,享年47岁。②

### 关于史德文的中英文研究

有关史德文的研究,中英文文献里均没有专门针对史德文个人的学术研究。英文原始资料主要有史德文本人1921年在美国《国家地理杂志》上发表的一篇"生活在藏东人民中"(*Life among the People of Eastern Tibet*)和同年出版的自传《开拓西藏:传教前线的个人生活和经历记录》(*Pioneering in Tibet: A Personal Record of Life and Experience in Mission Fields*);还有1923年出版的史德文夫人回忆录《西藏的史德文》(*Shelton of Tibet*)。③此外,唯一一本关于史德文的英文专著是2004年记者道格拉斯·卫新(Douglas Wissing)出版的传记《西藏的先驱者:史德文医生的生命和祸害》(*Pioneer in*

---

① Albert Leroy Shelton. *Pioneering in Tibet: A Personal Record of Life and Experience in Mission Fields*. (New York: Fleming H. Revell Company, 1921): 159, 167.

② 史德文具体的遇害过程在哈德医生1922年2月17日的信中写得很详细。参见: W. M. Hardy. "A Recent Letter from Dr. Hardy of Tibet (February 17, 1922)." In *World Call*. St. Louis, MO: United Christian Missionary Society (June 1922): 19.

③ 参见: Albert Leroy Shelton. *Pioneering in Tibet: A Personal Record of Life and Experience in Mission Fields*. New York: Fleming H. Revell Company, 1921; "Life among the People of Eastern Tibet". *National Geographic Magazine*, v.40 (1921), pp.293-326. 还有史德文夫人的著作,参见: Flores Beal Shelton. *Shelton of Tibet*. New York: George H. Doran Company, 1923.

Tibet: The Life and Perils of Dr. Albert Shelton)。①该书使用了大量史德文和基督会的英文档案、文献等原始资料,但是在分析基础上却比较肤浅,没有进一步深入研究。尽管如此,此书仍是国内学者重点使用的英文文献材料。

相对而言,国内的研究较为深入,主要研究方向基本为康藏地区基督教传播史和早期入藏的美国人,主要学者有四川大学的赵艾东教授等。赵教授的考察重点为基督会在康藏区的传播,她详细地分析了史德文在民国时期康藏地区医疗和汉藏纠纷中的具体贡献。②遗憾的是,赵教授的文章在英文原始资料的使用上比较有限,主要引用了上述所提的四种出版物,所以对史德文在巴塘的具体活动情况少有详细的叙述。国内其他关于史德文的研究基本都建立在赵艾东教授的研究成果上,极少有参考任何的原始档案材料。③

## 基督神学院图书馆藏基督会档案综述

1855年,基督会的信徒在印第安纳波利斯成立了一所西北基督教大学(Northwest Christian University),专门为当地培养基督会成员。随着美国各地基督会成员的不断加入,1875年该校扩建并改名为伯特勒大学(Butler University),校舍搬去了城郊的小镇俄文顿(Irvington)。在俄文顿校园内,学校的领导者请了印第安纳两位本地建筑师杰西·强生(Jess Johnson)和亨利·杜邦(Henry DuPont)设计建造了最早的图书馆博纳·汤普森纪念图书馆(Bona Thompson Memorial Library),就是后来基督神学院图书馆的前

---

① Douglas Wissing Pioneer in Libet: The Life and Perils of Dr. Albert Shelton. London: Palgrave Macmillan, 2004.
② 赵艾东:《美国传教士史德文在1918—1919年康藏纠纷中的活动和角色》,《西藏研究》2008年第6期,71—79页;《20世纪初美国传教士史德文在康区打箭炉的医疗活动》,《中国藏学》2008年第3期,115—146页;《1919年前早期入藏的北美人士与中西文化交流——以其有关康藏论著在西方的影响为中心》,《西藏大学学报(社会科学版)》2013年6月第28卷第2期。
③ 国内其他学者的研究,主要有:邓前程《试论清末至民国康区外国教会》,《民国档案》2006年03期等;尕藏加、德吉卓玛《藏区多元宗教共存之历史与现状》,《中国藏学》2008年第2期。

身。①最初，该图书馆的收藏基本是与神学课程相关的资料和书籍，如《圣经》学习、哲学、基督教历史、神学和教会牧师培训等。为了响应1910年"英国爱丁堡会议"（Edinburgh Convention）的世界宣教士精神，两大活跃在中国的传教组织基督妇女宣教部（Christian Woman's Board of Mission）和基督会差会（Foreign Christian Missionary Society）在印第安纳波利斯创建了教会学院（College of Mission），成为伯特勒大学的下属学院。② 教会学院到1928年为止，一共培养了350位传教士。这些传教士从世界各地带回了大量珍贵史料和艺术收藏品，陆陆续续地收藏在博纳·汤普森纪念图书馆内，其中包括基督会差会著名的加拿大医生马林（William Macklin，1860—1947）从中国带回的档案资料和书籍等。③1959年，教会学院正式更名为基督神学院，并与伯特勒大学分家。由于当时复杂的交接管理和有限的空间，图书馆的藏书和档案资料等被搁置在一个大房间内有十年之久，直到1974年才得以搬进新馆。④

2013年，经过新上任的图书馆馆长和特别研究员等人的细致工作，这些束之高阁近40年的资料才终于被整理出来，开放给公众阅览。基督会档案的组成部分不仅包括当年马林的史料，也有经历了南京大屠杀的麦卡伦（James McCallum，1893—1970）带回的大量关于基督会在南京和金陵大学的照片、信件和书籍等史料，还有在巴塘遇害的康藏区医疗传教士史德文的照片、藏文书籍、手绘地图等文献史料。

**史德文档案解读**

基督神学院图书馆藏史德文档案主要由照片档案、手绘地图和藏文书籍等组成，配合当时出版的基督会内部期刊《世界之声》，可帮助我们深入了解史德

---

① Keith Watkins, *Christian Theological Seminary, Indianapolis — A History of Education for Ministry*. (Zionsville, Indiana: Guild Press of Indiana, Inc., 2001): 2–6.
② Scott D. Seay, at et al. *The Stone-Campbell Movement — A Global History*. (St. Louis, Missouri: Chalice Press, 2013): 115.
③ Scott D. Seay, 125.
④ Watkins, 150.

文和基督会在康藏腹地活动的详细情况。照片档案中的一部分已经在1921年《国家地理》杂志上发表过,如两个被砍掉手的巴塘小偷、刻有藏文的大铁锅,还有藏区的白佛塔等。另一部分照片只在《世界之声》上刊登过,主要有巴塘风景照、巴塘孤儿院照、藏民生活照等。另外一些照片则从未在任何刊物上出版过,如史德文遇害地的巴塘山谷照、巴塘医院的照片,以及德格藏传佛教寺庙照片等。

1. 史德文遇害

关于史德文是如何遇害一事一直都没有人做过详细的披露。笔者利用基督会的照片档案,结合《世界之声》里史德文遇害后哈德医生写给总部的汇报文献资料,希望能重现当时的一些关键情节。

据哈德医生的报告所述,1922年2月15日,史德文医生一行人离开巴塘前往噶达克地区与当时藏东区藏军司令见面,以商议前往拉萨一事。在半途中,史德文收到司令来信告知暂缓行程,因为前往拉萨的通行证要等昌都地区的大活佛噶伦喇嘛签发。于是,史医生一行人于2月16日早上返回巴塘。下午二点,在离巴塘约9.7公里的山谷地带(图1),突然遭遇到土匪的火枪袭击。该处平原开阔,周围群山围绕、地势险峻。高处很容易作埋伏突击,低处则山路很窄,如受袭击,无处躲藏。

当时,大队人马正好走到一个拐弯处。走在最前面的史德文已拐弯,所以第一个中枪。跟在其后的是藏族厨师、巴塘王子和史德文的藏文老师。但是他们均还未拐弯,根本看不见前面的具体情况。所以刚听到枪声时,人家都以为是史医生打野兔开的枪,后来才发现原来是匪徒开的枪,且史医生已中枪倒地。紧接着,匪徒们一阵扫射后,蜂拥而上,抢走随队的物品、食物和马匹。由于史德文伤势较重,巴塘王子快马加鞭赶回基督会巴塘基地去通知其他人。下午四点二十三分时,哈德医生和其他人员准备好担架和其他医疗用品即刻出发。一小时后哈德医生等才赶到遭袭地,当时,史德文医生已经因伤势太重失去了意识。子弹从他右手肘外侧髁打入,穿过内髁,史医生在昏迷前自用了吗啡和药物进行简单的处理。虽然大家马上给史德文采取了急救措施,并在下午六点开

图 1 史德文遇害的巴塘山谷(基督神学院收藏)

始赶往巴塘,史医生却一直到中途才渐渐苏醒过来。途中,他伤口剧烈疼痛,被迫暂停多次以便轮换不同姿势缓解疼痛。终于在夜晚十点回到巴塘基督会的医院(图2、图3)。巴塘医院综合了汉藏民居风格,正面两边的楼房是平时门诊接待使用,中间的整幢二层楼房则用作手术室和住院病房。医院的后院是基督会传教士们的宿舍和菜园子。

当晚,巴塘医院门口已经聚集了50多名藏人,他们举着火把在焦急地等待着史德文。回到医院后,虽然其他的人及时地为史医生进行了必要的清创和救护,在1922年2月17日午夜十二点四十八分时,史德文医生终因失血过多而去世了。① 史医生死后安葬在巴塘,他的墓碑上用汉藏英三种文字写着:"人的

---

① 史德文去世的详情,参见:W. M. Hardy. "A Recent Letter from Dr. Hardy of Tibet (February 17, 1922)." In *World Call*. St. Louis, MO: United Christian Missionary Society (June 1922): 19.

图 2　基督会巴塘医院正门（基督神学院收藏）

图 3　基督会巴塘医院后院（基督神学院收藏）

爱心没有比这更大（Greater Love Hath No Man）。"①

### 2.上海到巴塘线路图

除了前文所提的照片档案,基督会史德文档案中有一张1919年手绘路线图尤为引人注目。这张地图非常详尽地绘出了从长江入海口上海出发,沿长江坐船经过南京、宜昌到重庆;再从重庆到泸州,沿岷江经嘉定（现乐山）到雅安。然后从雅安走挑夫山路到打箭炉,再从打箭炉走北道马队山路到巴塘。该图单独放置在一个木盒子内,除了背后手写的年份1919外,并没有作者署名。我们无法得知究竟是谁绘制了这样一张地图和为什么要绘制这样一张地图。

基于此图绘于1919年,我们可以猜测到此图可能是为基督会其他传教士提供行程信息,或者用于1920年巴塘建医院时运输医疗器材。根据《世界之声》1921年7月号《在世界屋脊上》一文所述,1919年史德文从美国购买近30吨的医疗设备和器材,为巴塘医院的建设做准备。医疗器材和行李先运到上海。从上海逆长江而上,先用大船开行约2500公里,再换上小船运行约720公里,然后换木筏运输。之后,再由挑夫人背肩扛走了约80公里的山路,途中包括一段绳索过河的行程。最后的约800公里走的都是山路,一共由169头牦牛和300个汉族挑夫组成。运输的物品包括了电缆、水管、修复屋顶的材料、手术台、外科设备、四个浴缸、25张病床、一台风车、烤炉、1000磅糖和其他若干罐头食品等。②从地图上,我们看到从打箭炉到巴塘的山路是非常险峻的。其中要翻越15个海拔在3900米以上的垭口,其中最高的达萨山垭口海拔超过5000米。③

尽管路途遥远,交通不便,史德文对巴塘的传教和医疗事业还是非常热衷。

---

① "On the Roof of the World." In *World Call*. St. Louis, MO: United Christian Missionary Society (July 1921): 13. 此句源于《约翰福音》15章。

② 同上。

③ "On the Roof of the World." In *World Call*. St. Louis, MO: United Christian Missionary Society (July 1921): 13. 原文中指出达萨山口 Dasa Pass,笔者未能找出萨达山口的具体地理位置。Dasa是梵文,一种可能是当地人的一座神山;另一种可能是藏文名字,有时候传教士也会用藏名音译。但是鉴于文章作者指出此山口为"famous Dasa Pass",所以还有一种可能就是康定附近的折多山垭口（海拔4300米）。

他不仅花了大量精力积极争取基督会总会拨给康藏区所亟需的发展经费；还自出资金在美国购买医疗设备和支付运输费用，用于1920年巴塘医院的建设。①史德文对康藏区传教事业的热情感染了美国国内其他的医疗传教士。来自得克萨斯的罗夫德医生（Zenas Sanford Loftis）就是第一个响应的人。他历经艰辛，千里迢迢来到巴塘加入基督会巴塘分会。不幸的是短短的六周后，罗医生感染了天花早早过世，终年仅28岁。不久以后，罗夫德的同班同学哈德医生自愿提出取代罗夫德医生的职位，加入史德文的团队。②很快，哈德医生成了巴塘的骨干分子，所以在史德文去世后，哈德医生接手巴塘一带的医疗工作。由于资金的原因，哈德医生在《世界之声》发表的若干份报告中都叙述了继续从事巴塘医疗工作的困难和缺乏资金的情形。在1924年之后，巴塘的传教事业还是慢慢地下滑，最终以失败而告终。③

3.藏文版四大福音翻译和印刷

在基督神学院图书馆这批新发现的档案里，我们还发现了全套四本福音丛书的藏文版。这四本书是1921年在上海由英国圣经公会（British Foreign Bible Society）出版的四大福音全书。（参见图4—11）这四本书上都贴有当时教会学院图书馆（Library of College of Mission）的标签，每本书的首页左下角都有相对应的中文标题。虽然，对这四本书的收藏历史，我们没有史料考证，但

---

① "Dr. A.L. Shelton, Martyr for Tibet." In *World Call*. St. Louis, MO: United Christian Missionary Society（May 1922）：7. 关于汉藏纠纷和史德文给汉、藏人治病的事实也记录在 Nina Hardy. "War around Batang." In *World Call*. St. Louis, MO: United Christian Missionary Society（November 1921）：54. 和 Ogden, J.G. "Civil War at Batang." In *World Call*. St. Louis, MO: United Christian Missionary Society（November 1920）：11—12. 的文章中。关于史德文自出资金支持基督会在巴塘的医疗和传教事业，可见 Wilson, 5; Scott Seay 教授也在他的书中西藏传教章节中提到过。

② Wilson, 5.

③ 关于史德文过世后基督会在巴塘的详细情况，可参阅：Bare, Lois Nichols. "Christian Wedding in Batang." In *World Call*. St. Louis, MO: United Christian Missionary Society（March, 1930）：57. 和 Hardy, Nina P. "From Far off Tibet." In *World Call*. St. Louis, MO: United Christian Missionary Society（February, 1925）：58. 这两篇文章都提到基督会在巴塘的传教工作进展很好，希望总部能提供更多的资源。

是，我们所知的是史德文夫人佛洛拉曾在1919—1921年间多次去印度参与过一套藏文版《圣经》的翻译和印刷工作。①佛洛拉1921年在《世界之声》上写到：

> 我们的《圣经》还没有完全翻译成藏文。在印度边界上，虔诚的莫拉韦亚第会的传教士们的两代人投身于（藏文）翻译工作中，（他们的工作）即将完成。这也是给我们最多翻译材料的组织。我们已经有了（《旧约》的）《创世记》、《出埃及记》等和所有的《新约》。去年在巴塘我们已经完成了《以斯帖记》的翻译。当"梦想成真"的那天，我希望和我的（藏文）老师，还有奥格登先生一起去印度加尔加答完成所有的《圣经》，并由那里的浸礼协进会出版。②

从上段文字中看出，史女士已经开始一段时间的藏文《圣经》翻译工作。关于史德文夫人参与藏文《圣经》翻译一事，在1922年9月14日出版的《基督世纪：宗教期刊》（The Christian Century: A Journal of Religion）里也有提到。相关引文如："同样重要的（出版成果）是由史德文医生的遗孀花了多年为西藏人民翻译的圣经故事和赞美诗歌等，（就这样）为西藏提供了最基本的基督教文学。"③

考虑到基督神学院的这套藏文版四大福音书都是1921年由上海英国圣经公会出版，所以可以排除这是佛洛拉翻译的那套。佛洛拉在史德文去世后第二

---

① Mrs. A. L. Shelton. "The Bible in Tibet." In World Call. St. Louis, MO: United Christian Missionary Society (April 1921): 36.

② 同上，36-37. 原文如下："Our Bible is not yet all translated into the Tibetan language. On the Indian border the devoted Moravian missionaries have dwelt through two generations and are bringing it nearly to completion. It is these people who have given to us most of our translations. We have Genesis, Exodus, Psalms and all the New Testament. The book of Esther was finished last year in Batang and some day when 'dreams come true' I should like to go to India with my teacher and Mr. Odgen, finish the rest of the Bible and print all these things on the Baptist Mission Press in Calcutta."

③ "Missionary News." In The Christian Century: A Journal of Religion, Chicago: the Disciple Publication Society (Volume 39, no. 37, Sept 14, 1922): p. 1135.

年(1923)春天就回到美国,之后虽然数次去印度,但再没有返回巴塘。①

　　教会学院当时的院长查尔斯·保罗（Charles Paul）在 1922 年 7 月 26 日写给史德文夫人的一封信中提到教会学院投资了 65000 美元希望发展该学院的藏学研究,并指出学院拟招募一名藏学研究的教授,且图书馆已经收集了市面上大批关于西藏的珍贵档案资料。②此信提供了很多细节和线索,对我们了解基督会后期和康藏区传教事业的关系起了很重要的作用。

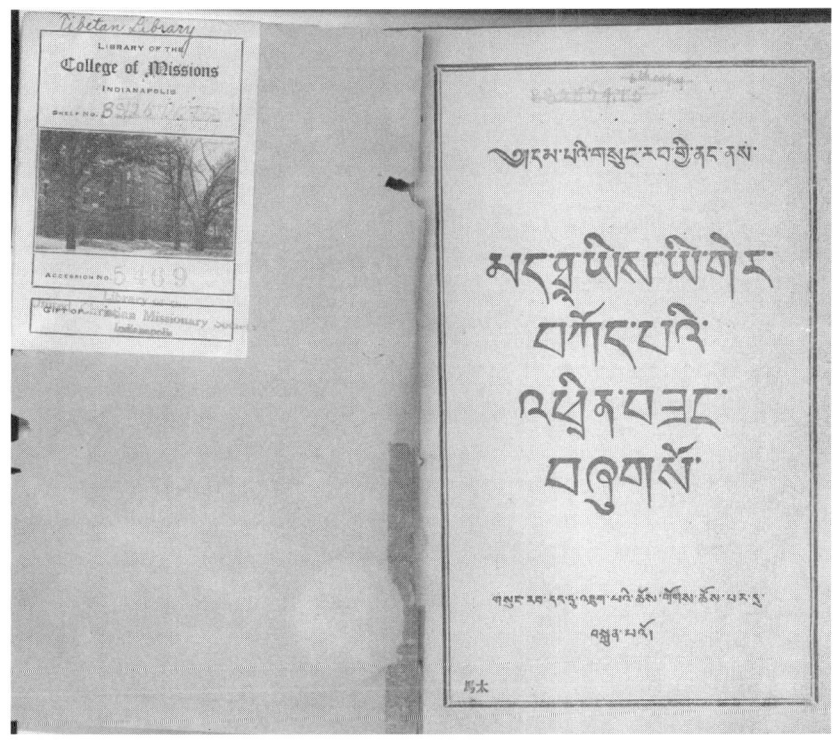

图 4　1921 年上海英国圣经公会版藏文《马太福音》（基督神学院收藏）

---

　　① Flores Beal Shelton. *Shelton of Tibet*. (New York: George H. Doran Company, 1923): pp.9—12.

　　② 此信原件在史夫人 1923 年出版的书的附录中。见 Flores Beal Shelton. *Shelton of Tibet*. (New York: George H. Doran Company, 1923): p.314.

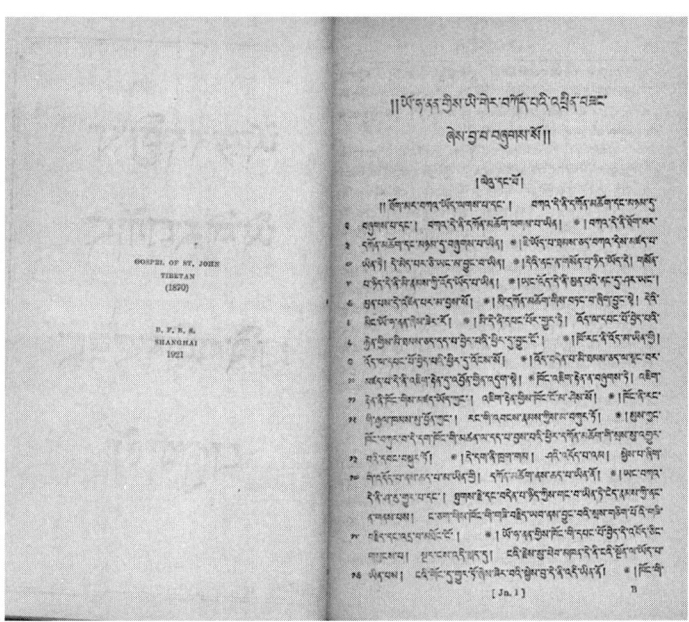

图5 1921年上海英国圣经公会版藏文《马太福音》正文首页(基督神学院收藏)

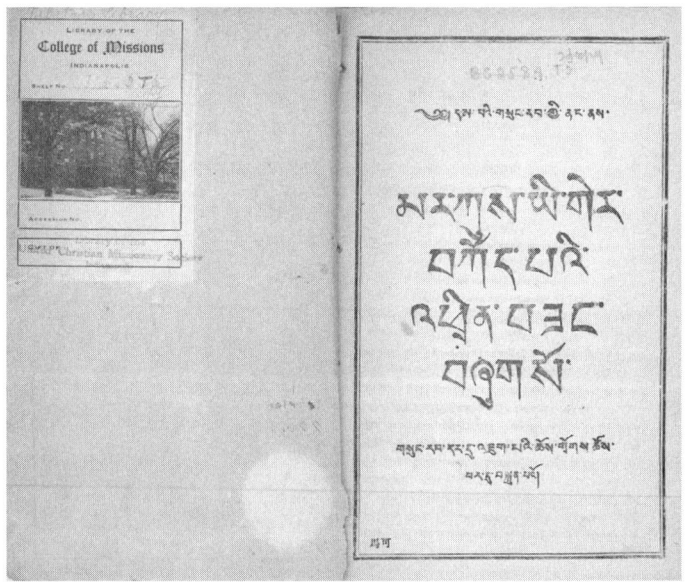

图6 1921年上海英国圣经公会版藏文《马可福音》(基督神学院收藏)

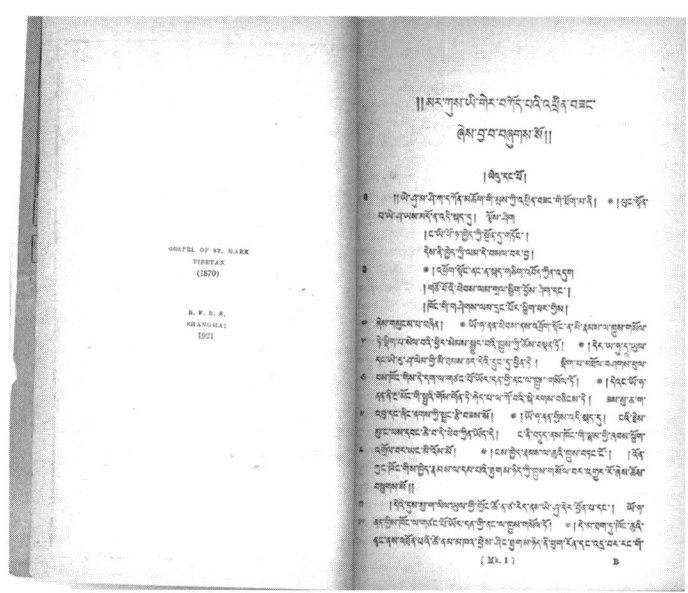

图 7　1921 年上海英国圣经公会版藏文《马可福音》正文首页（基督神学院收藏）

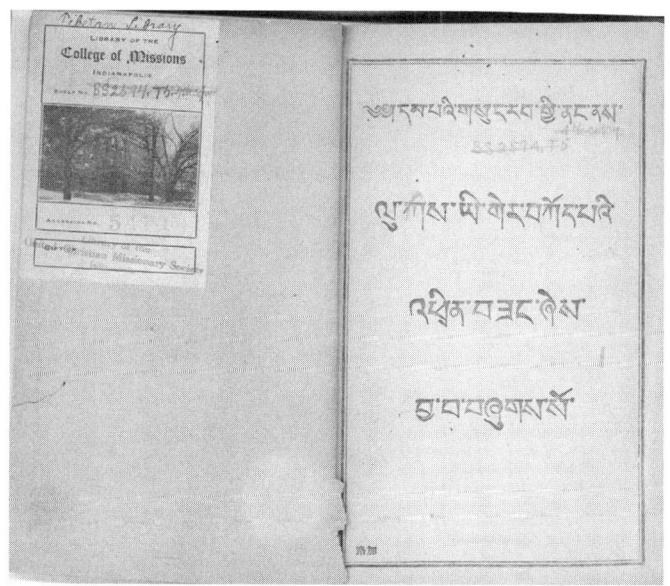

图 8　1921 年上海英国圣经公会版藏文《路加福音》（基督神学院收藏）

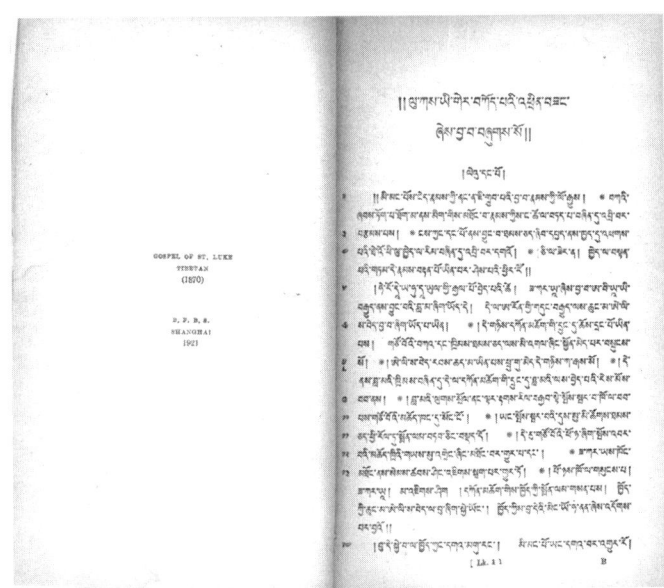

图9　1921年上海英国圣经公会版藏文《路加福音》正文首页（基督神学院收藏）

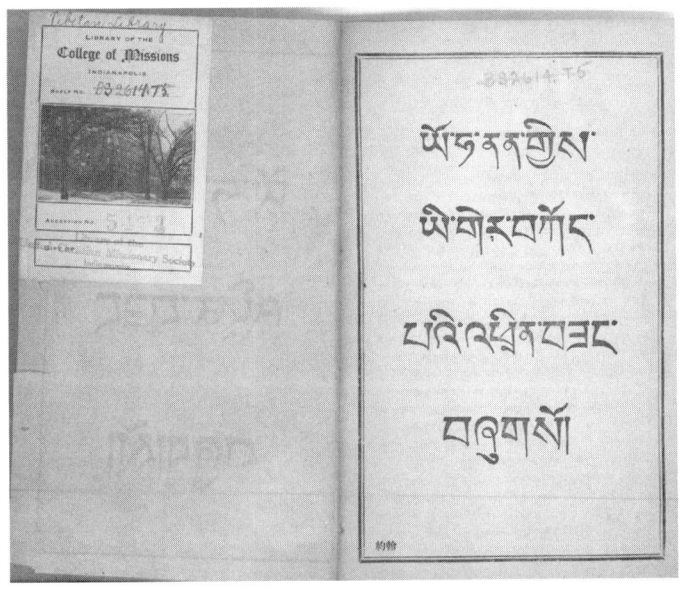

图10　1921年上海英国圣经公会版藏文《约翰福音》（基督神学院收藏）

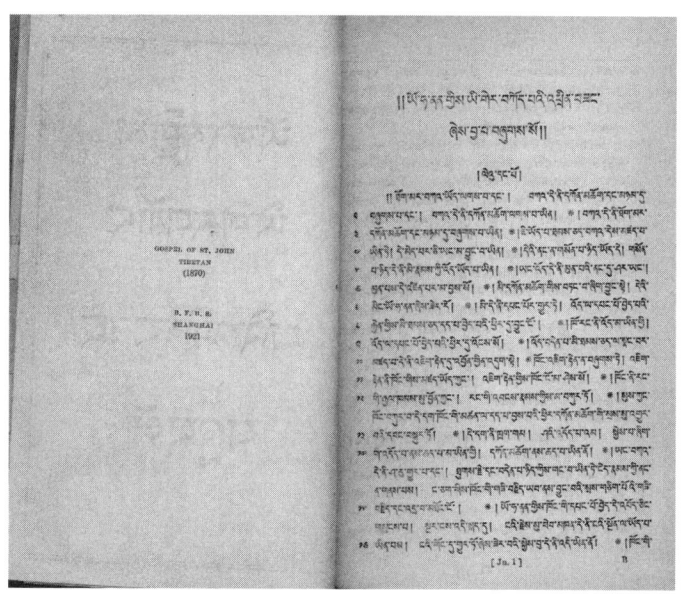

图 11 1921 年上海英国圣经公会版藏文《约翰福音》正文首页（基督神学院收藏）

## 结语

综上所述，这一系列的照片、地图和书籍档案，不仅为研究基督教历史的学者、研究民国康藏史的历史学家和边疆藏学学者了解当年基督会在巴塘的具体情况提供了详细的资料，而且对学者们了解康藏区的历史、文化和社会背景都有很大的帮助。例如：文献中提供了大量关于基督会在康藏区的传教事业在史德文去世后是如何进行的情况，1922 年后当地的汉藏关系情况，等等，这些都能成为研究民国康藏地区历史变迁和社会情况的重要资料。再如前文所述，档案馆内的藏文版书籍对民国时期印刷史和翻译史的历史研究学家和社会学等研究者也非常有用。

**参考文献：**

Bare, Lois Nichols. "Christian Wedding in Batang." In *World Call*. St. Louis, MO:

United Christian Missionary Society (March, 1930): 57.

"Dr. A.L. Shelton, Martyr for Tibet." In *World Call*. St. Louis, MO: United Christian Missionary Society (May 1922): 7－13.

Hardy, Nina P."From Far off Tibet." In *World Call*. St. Louis, MO: United Christian Missionary Society (February, 1925): 58.

Hardy, Nina P."War around Batang." In *World Call*. St. Louis, MO: United Christian Missionary Society (November 1921): 54.

Hardy, W. M. Dr. "Look on the Fields." In *World Call*. St. Louis, MO: United Christian Missionary Society (October 1919): 17.

Hardy, W. M. Dr."A Recent Letter from Dr. Hardy of Tibet (February 17, 1922)." In *World Call*. St. Louis, MO: United Christian Missionary Society (June 1922): 19.

"Missionary News." In *The Christian Century: A Journal of Religion*, Chicago: the Disciple Publication Society (Volume 39, no. 37, Sept 14, 1922): p. 1135.

Ogden, J.G."Civil War at Batang." In *World Call*. St. Louis, MO: United Christian Missionary Society (November 1920): 11－12.

"On the Roof of the World." In *World Call*. St. Louis, MO: United Christian Missionary Society (July 1921): 12－15.

Seay, Scott D., at et al. *The Stone－Campbell Movement － A Global History*. St. Louis, Missouri: Chalice Press, 2013.

Shelton, Albert Leroy.*Pioneering in Tibet: A Personal Record of Life and Experience in Mission Fields*. New York: Fleming H. Revell Company, 1921.

Shelton, Albert Leroy."Life among the People of Eastern Tibet". *National Geographic Magazine*, v.40 (1921), pp.293－326.

Shelton, Flores Beal.*Shelton of Tibet*. New York: George H. Doran Company, 1923.

Shelton, Flores Beal. "The Bible in Tibet." In *World Call*. St. Louis, MO: United Christian Missionary Society (April 1921): 36－37.

Watkins, Keith. *Christian Theological Seminary, Indianapolis － A History of Education for Ministry*. Zionsville, Indiana: Guild Press of Indiana, Inc., 2001.

Wilson, Bert."Come on: the Last Call of Dr. A. L. Shelton of Batang, Tibet." In *World Call*. St. Louis, MO: United Christian Missionary Society (April 1922): 4－6.

Wissing, Douglas. *Pioneer in Tibet: the Life and Perils of Dr. Albert Shelton*. New

York: Palgrave Macmillan, 2004.

*World Call Index Directory*. St. Louis, MO: United Christian Missionary Society, 1976.

邓前程.试论清末至民国康区外国教会.民国档案,2006,03.

尕藏加、德吉卓玛.藏区多元宗教共存之历史与现状.中国藏学,2008,2.

胡岩.早期进藏的美国人.西藏民族学院学报:哲学社会科学版,2006年3月,27(2).

杨健吾.基督教在四川藏族地区的传播.宗教学研究,2004,03.

赵艾东.1846—1919年传教士在康区的活动考述.贵州民族研究,2011,5.

赵艾东.美国传教士史德文在1918—1919年康藏纠纷中的活动与角色.西藏研究,2008,6:71—79.

赵艾东.20世纪初美国传教士史德文在康区打箭炉的医疗活动.中国藏学,2008,3:115—146.

赵艾东.1919年前早期入藏的北美人士与中西文化交流——以其有关康藏论著在西方的影响为中心.西藏大学学报:社会科学版,2013,28(2).

赵艾东、石硕、姚乐野.法国传教士古纯仁《川滇之藏边》之史料价值——兼论《康藏研究月刊》所载外国人对康区的记述.西南民族大学学报:人文社会科学版,2011,10.

# 方家旧信话当年:豫北的加拿大传教士[①]

◎ 刘静[②]

**摘　要:**

本文通过对方家书信的初步研究,展示方修世与夫人方李梅喜以及加拿大传教士在中国的真实经历。文章着重介绍了抗日战争期间方家在中国的坚守和自我牺牲,以及方氏夫妇与中国人民同生死、共患难的事迹。文章同时也提及他们回到加拿大后为中国的倾心付出以及唯一健在的女儿方乐意与河南故乡的不解之缘。笔者希望这一段历史和以方家为代表的传教士不会被淡忘,更希望其身后的档案资料能被收藏并服务于学者们的研究。

**关键词:**

方修世牧师;方李梅喜;方乐意;加拿大长老会豫北差会

## Canadian Missionaries in North Henan: The Forbes Family

◎ Jing Liu

**Abstract:**

Through a preliminary study on the Forbes' family letters, this paper is to unveil the true experience of the Forbes and Canadian missionaries in China. The highlight is placed on the heroic

---

① 本文使用了由方乐意女士(Mrs. Willis)提供的私家档案和加拿大合一会(The United Church of Canada,简称 UCCA)档案馆伊丽莎白·马修女士(Ms. Elizabeth Mathew)提供的信息和图片资料。作者在此表示由衷的感谢,同时也要感谢联系国内相关政府部门以及媒体的何明星教授!

② 刘静,加拿大不列颠哥伦比亚大学亚洲图书馆中文部主任(Chinese Studies Librarian, UBC Asian Library)。

deeds of Rev. Forbes and Mrs. Forbes during the anti-Japanese war, and their continuous support to China after they returned to Canada. The paper also touches on the Forbes daughter, Louise's proud Chinese identity and the bond to her hometown in Henan Province. The letters, recorded Forbes' family's sacrifice and the missionaries' contribution, need to be preserved and shared with scholars, so that they will not be forgotten.

**Keywords:**

Revered H. Stewart Forbes; Mrs. Mary Elizabeth McNeely Forbes; Mrs. Margaret Louise Willis; Canadian Presbyterian Mission in North Henan

方乐意女士(Mrs. Margaret Louise Willis)是位鹤发童颜的长者,现居加拿大温哥华,父母分别是苏格兰与爱尔兰后裔。虽然乐意的中文已经生疏,但90高龄还行云流水般练习书法。她时常梦回河南故乡,梦见儿时仰视父亲挥毫练习中文的情景。乐意认为自己始终有一颗中国心。

我们的相识缘起于方乐意主动联系笔者告知其父留给她五本笔记,包含100年前开始收集、经过20多年翻译和整理的中国谚语成语共2000多条(见图1)。我应邀拜访了自称中国人的方乐意和五本精心保存的笔记,立即感受到方家与中国的不解之缘。粗略的研究之后,我发现乐意的父母——方修世(Rev. H. Stewart Forbes)和方太太在中国以传教士和护士的身份生活过26年(1914—1940),把他们最好的年华献给了中国,并且在抗日烽火中挽救和掩护过2000多中国人。他们不计个人得失,甚至自己的生命,超越政党、宗教、种族的隔阂与争斗,真正做到了救死扶伤而又大爱无疆。他们的事迹不该被忘却,而应该如实地载入中国史册,也该被加拿大重视,更要让年轻人了解百年前的中加之间有着怎样的交流使者。

经过一年的交往和沟通,方乐意逐渐向我敞开了心扉。她不仅把百年相册拿出来介绍,而且还展示了父母发自河南的家书。这些写给远方儿女的信纸张已经泛黄,字迹变得模糊,但是洋洋洒洒有数百页之多。很多信发自战火中的河南怀庆,承载丰富的历史研究信息。限于篇幅,本文仅依据方氏写于抗战期间的一小部分书信,借助其他英文资料来解说其中牵涉的事件背景和相关人员,简单介绍以这一家人为代表的豫北传教士和他们当年的生活,希望有助于其他学人的深入研究。

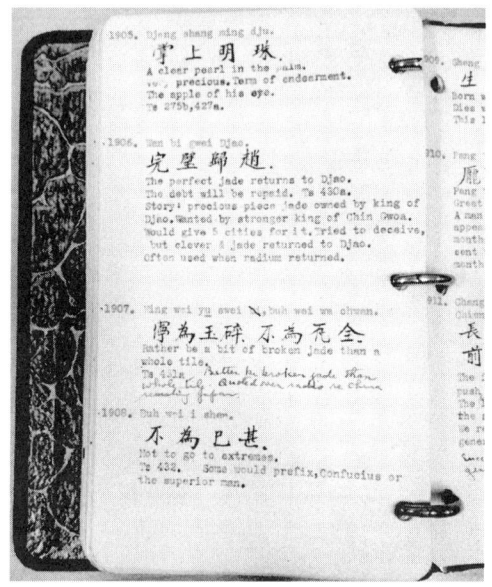

图 1　方牧师成语谚语笔记。他的手写笔记写道:"在抗日宣传的广播中听到宁为玉碎、不为瓦全。"

## 豫北差会

方修世 1886 年出生在安大略省的弗莱彻（Fletcher），拥有多伦多大学（University of Toronto）和诺可斯神学院（Knox College）的双学位。乐意的母亲——方李梅喜（Ms. Mary Elizabeth McNeely），1881 年出生在加拿大安大略省东部的卡尔顿（Carleton Place）。在多伦多取得护士资格后，梅喜只身前往纽约进修和实践。当时北美的护士要经过多年严格训练和选拔，因为他们不仅要取得病人的信任，也要为主治或主刀的医生所依赖。梅喜的导师欣赏这位干劲十足又充满好奇心的女孩子，为她订阅了终生享用的《国家地理杂志》（*National Geography*），鼓励她勇闯世界。比梅喜年长四岁的姐姐马格丽特（Margaret Verne McNeely）于 1909 年奔赴中国，曾协助编纂和出版《中国基督教年鉴》（*China Mission Year Book*），参与筹备中华全国基督教协进会

(National Christian Council of China),并且服务于上海的广学会①。受姐姐的影响,梅喜于1914年接受妇女海外传教使团(Women's Foreign Missionary Society)的选拔和任命,出任加拿大长老会豫北差会(Canadian Presbyterian Mission in North Henan)的护士。与此同时,来自安省的方牧师也不远万里到达中国,并且与梅喜一起经历了两年的中文强化训练。1916年7月两人在天津喜结连理。按照当年的规定,梅喜一旦结婚就失去专业护士资格,也不能再作为正式的差会人员工作,需回归家庭并附属于丈夫的差会②。是年,中国进入军阀割据混战的时代,人民生活困苦动荡。方氏夫妇婚后被派往河南滑县道口镇传教,方牧师还随中国劳工团在一战中的法国前线工作了三年③。方乐意就出生在道口镇,后来全家搬至浚县。方父在上世纪30年代中调至怀庆中心工作,可谓足迹遍布豫北的山山水水。

  乐意一再向我强调,他们一家是最平凡的加拿大人,当年在中国内陆传教的西方传教士大有人在。经她提醒,我查阅了大量英文出版物和档案资料。1886年加拿大太平洋铁路通车使安大略省的新教实现了两大洋的连接,而且更具越过高山和海洋的雄心。大学生中到海外传教的热情高涨。1888年,河南遭受严重洪灾,以古约翰(Jonathan Goforth)为首的七名传教士在加国募得资金,取得基督教长老会支持,陆续抵达中国,自诩为"河南七贤"(the Honan Seven)④。1890年召开的中国基督教宣教士大会,议决将河南黄河以北划为加拿大长老会特别宣教地⑤。他们起初居无定所经常被驱逐,多年之后才在彰德府(今安阳)的城墙外租赁到期限50年的土地⑥。在河南众多西方教会当中,

---

① *Carleton Place Local History*, accessed on 09/16/2015 at: https://carletonplacelocalhistory.wordpress.com/category/margaret-verne-mcneely/

② Sonya Grypma. *China interrupted: Japanese internment and the reshaping of a Canadian missionary community*, Waterloo: Wilfrid Laurier University Press, 2012. p. 6.

③ Personnel record in the Honan Mission Archives, United Church Archives.

④ Alvyn J. Austin. *Saving China: Canadian Missionaries in the middle kingdom*, 1888—1959. p.37.

⑤ 王天奖:《河南大事记资料丛编:1840—1918》,河南地方志编纂委员会,1984. 76页。

⑥ Sonya Grypma. *China interrupted: Japanese internment and the reshaping of a Canadian missionary community*, Waterloo: Wilfrid Laurier University Press, 2012. p. 28.

加拿大长老会的豫北差会不是最早的,却是覆盖河南面积最大的,其传教和服务项目覆盖黄河以北的河南省各个乡镇。牧师以及他们的配偶都经历过高等教育,不乏双学位的医生、护士和博士。他们先后有100多人在豫北服务了60年。在当时的彰德府、怀庆府(今沁阳)以及卫辉建立了三个颇具规模的传教中心,还有如道口、浚县、修武和武安的传教站。而三个传教中心都开创了当地现代医疗的历史,在上世纪20年代建立起了现代化的医院①。

豫北使团不乏传奇人物(见图2)。除了早期的古约翰、明义士(James Mellon Menzies)、孟恩赐(James Menzies)和罗维灵(William McClure)医生,也有与方牧师夫妇同期并肩工作过的汤姆逊(Andrew Thomson)和罗明远(Dr. Robert McClure,被称为小罗)医生。1925年长老会并入加拿大基督教合

图2　UCCA 1999.001/1600 豫北差会1921年合影(第二排左一为方修世,第三排左三为方太太)

---

① Sonya Crypma, *Healing Henan: Canadian Nurses at the North China Mission*, 1888－1947, UBC Press, 2008: p. 28.

一会(The United Church of Christianity),而豫北差会更名为华北差会(North China Mission)①。方牧师夫妇与差会和豫北人民共同经历了春旱、洪灾、瘟疫、江河决堤泛滥、学生示威、匪盗横行、军阀混战等。中国社会的动荡令老百姓民不聊生,曾有人说20世纪初豫北最稳定的建制就是传教使团了。而加拿大长老会又以民主的运行管理体制著称。他们对豫北社会的贡献表现在禁烟、天足、农业技术、修路架桥、卫生医疗、普及教育、妇女解放、美化环境等诸多方面,为封建落后的中国农村开创了第一轮现代化进程。

## 儿女双全

在豫北生活的二十几年,方太太低调地紧随方牧师,靠双脚和自行车辗转于各个农村传教点。1917年方家喜得贵子,即方马可(Malcolm),1922年10月又喜得千金,取名乐意(Margaret Louise,见图3)②。方太太的信中有记载当时的盛况:邻里们呼朋唤友地登门探望这个洋娃娃,同时为方家提供帮助。每天早上,给小乐意洗澡的时候,阿妈们就围着澡盆议论,还奉劝方太太说如果不这样每天洗,孩子就不会浑身苍白,而会变成和邻里的孩子一样有健康肤色。至于小乐意的一头金色卷发,阿妈们就无从解释了。

乐意四岁的时候(见图4),方家四口结束只能住在城墙外的生活,搬进浚县城中心的一座四合院,俨然成为地道的浚县城里人。这应该是方家在中国最快乐的时期:被中国人接纳,并相信可以在这片土地上奉献。方牧师记载:"我们某种程度上融入了当地人民的生活,这令人欣慰。我们收获了友谊,我们十分珍惜并希望能持续下去。"③

小乐意不仅有母亲的照料,更有街坊邻里的爱护。每当回忆起在河南的生活,都让她倍感幸福。虽然物资匮乏,但是人们知足、友善。她至今最爱的还是

---

① Sonya Crypma, *Healing Henan*: *Canadian Nurses at the North China Mission*, 1888—1947, UBC Press, 2008: p. 13.
② Chinese Recorder, Honan Taok'ou;53:733.
③ Rev. Stewart H. Forbes' report in December 1930, Forbes family collection. 方氏私藏。

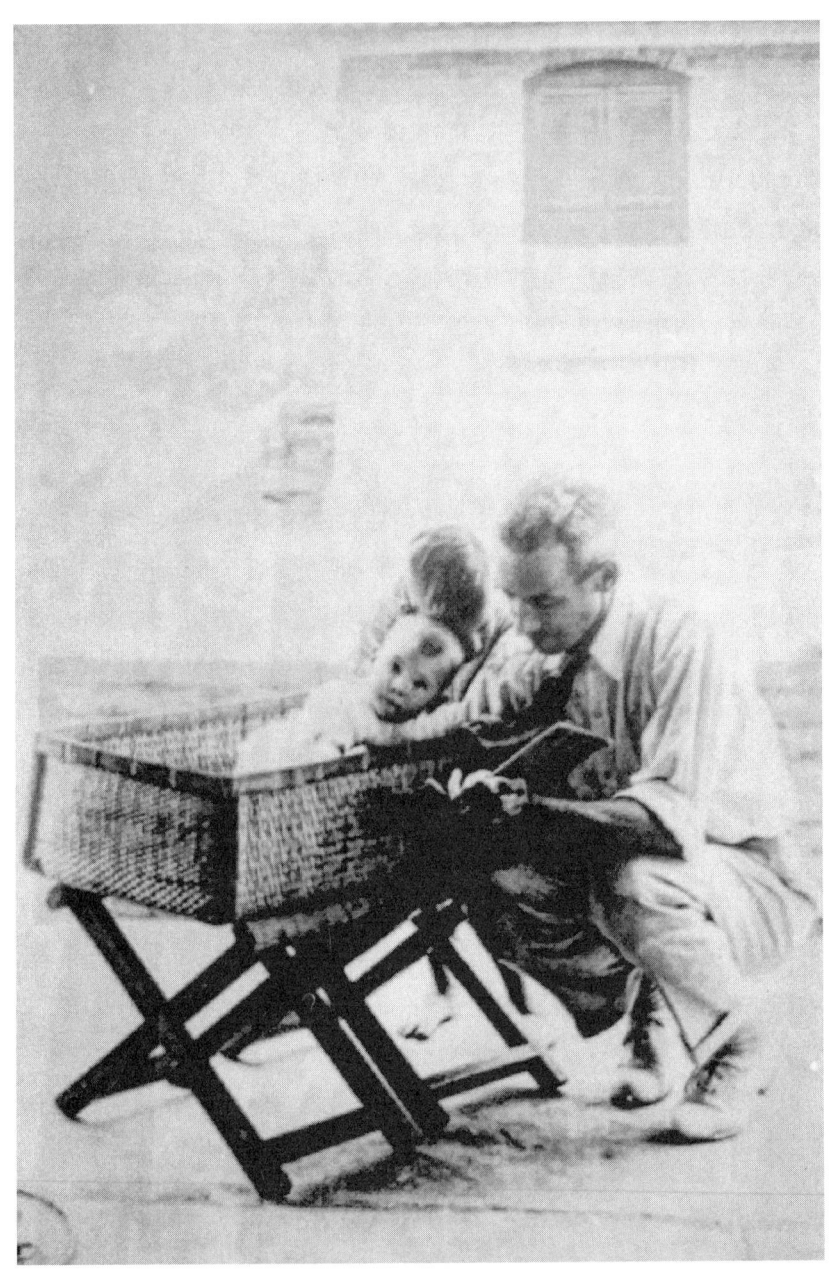

图 3 方牧师给儿女读书,1923 年摄于河南道口

中国北方特有的大柿子、大花生、炭烤红薯、香菜和重口味的水饺,还有抑扬顿挫、掷地有声的河南话。她尤其怀念那些裹着小脚的阿妈们,永远忘不了在阿妈家学包饺子的情景。乐意仍然记着浚县厚实的城墙和热闹的庙会。虽然身体状况不允许她远行再回故里,但是她无时无刻不在关注着中国,托我打听儿时的那些民俗传统是否得以恢复和保持,还要我找到习主席著作《习近平谈治国理政》的英文版(XI JINPING: The Governance of China)给她读。

图 4  儿时的方乐意,1926 年摄于河南鸡公山

随着方牧师积极推动乡村合作运动,乐意的母亲也要伴随着下乡办学、扫盲、普及卫生防病知识。乐意该上小学的时候,战争频仍,土匪猖獗,差会工作一度陷于瘫痪。方氏夫妇忍痛将一双儿女送往烟台的芝罘寄宿学校。该校被称为"苏伊士运河以东最好的学校"①,与牛津大学接轨,由中国内地会(China Inland Mission)聘请最好的老师教育这些传教士的后代。然而乐意认为她被剥夺了享受中国教育的权利,把她从一个地道的中国人训练成一个孤独的英国人。七点之后在楼道任何地方都不许再说话,一系列的校规让六岁就远离父母的她无比孤独,至今都难以释怀。她说,头几年她在不断犯规的过程中了解到一系列的奇怪校规。河南和山东的距离不算远,但是当年的交通需要花上好几天的时间:要先坐运煤的火车,连接京汉铁路北上,再从天津的塘沽港乘船颠簸到烟台,只有圣诞假期才可以回到内地父母的身边。开学返校时,父亲骑着自行车将乐意送到当地的小火车上,父女俩被这运煤的火车颠簸熏烤,在卫辉等一夜,然后告别,乐意孤身搭京汉铁路的车北上,陪伴她的有一只同样孤独的金丝雀。同车的中国乘客往往主动为这位金发碧眼拎着鸟笼的小女孩提供帮助,让她80年后仍然心存感激。她还记得在北平火车站吃过的一顿美味。摊主用地上的旧报纸卷成一个锥子桶,装满散着热气的饺子,饿了一整天的乐意就站在冬天的站台上,双手捧着幸福无比地吃。

聚少离多使方家养成了写信的习惯。乐意保留下来的书信大都写于1928—1939年这段时间。当中只有一年的寒假长到可以在浚县过中国新年,重温儿时的记忆。春节庙会,浚县城墙外架起了许多帐篷,各式河南小吃的摊位让乐意立即花光零花钱。方牧师也架起大帐篷,就在佛像的脚下和方圆几十里赶到寺院敬香的人中用中文宣扬基督教义。现在想来也确实是中国乃至世界罕见的景象。

就是在这样的情况下方家带着自己的信仰同时深爱着中国,对这片土地的未来充满希望(见图5)。1935年他们回加拿大休假省亲,乐意的记忆是告别了大片的黄土地,扑面而来的是无际的绿色原野和森林。她惊奇地发现在寄宿学

---

① Alvyn J. Austin. *Saving China: Canadian Missionaries in the middle kingdom*, 1888—1959. p. 37.

图 5　方家在芝罘(今烟台)的合影,大约摄于 1935 年

校外还有公立学校,孩子们可以无拘无束地在自己家里成长。方牧师在采购医疗用品的同时,第一次学习驾驶汽车。1936 年,方家重新踏上中国的土地。儿女回到烟台,方太太跟随方牧师调动到怀庆传教中心工作。中国的现代化进程

中也有自己的贡献,方太太在当年的信中自豪地感慨道:"再清楚不过了,在中国这片土地上,逐渐地孕育着一个新中国,一个更好的中国;它会在世界民族之林中占据重要的一席之地。"① 方太太的预言又经过了更残酷的战争和一系列的革命之后才成为现实。80 年前,在艰苦的条件下就对中国充满信心,足以见证她对第二故乡的热爱,而这种爱又影响着方家的一双儿女。乐意曾经说,对人类而言,宗教信仰并不是最重要的,重要的是人间之爱;是不是基督徒也不重要,重要的是对天下他人的爱心和奉献。

## 火线家书

方牧师走乡串户积极领导农村合作化运动,而方太太虽然不享受津贴,却也围绕妇女运动忙碌着。怀庆传教中心有个现代化的恩赐医院(Menzie's Memorial Hospital)②,由加拿大的基督徒们捐款兴建,以被当地土匪枪杀的孟恩赐医生命名。1923 年加拿大传教士的第二代、罗维灵的儿子罗明远接任主管和外科主治医生。小罗医生在豫北的卫辉成长了 15 年,在加拿大和欧洲学习过世界最先进的医术,是英国皇家外科学会会员。他放弃去哈佛大学工作的机会,带着神圣的使命感应教会的召唤回到河南。他加强了医院的发电设施,以保证照明和医疗手术的需求。豫北的教会医院那时已经引进实验室设备以供检验病情,更有 X 光、镭放射治疗,可以治疗脊骨结核病甚至进行骨髓移植③。这所教会医院开创中国西医史多个技术第一,并且带动其他大医院的治疗技术发展。罗明远还从其他教会购买了二手吉普和运输病人的汽车④。在华北差会范围内,建立起了名扬中外的农村医疗网,培养大量的执业医生、赤脚

---

① 方李梅喜 1936 年的私人书信,方氏私藏。
② Sonya Crypma, *Healing Henan: Canadian Nurses at the North China Mission*, 1888—1947, UBC Press, 2008: p. 69.
③ *Honan Quarterly*, Published by the Honan Mission of United Church of Canada, April 1934, p. 9.
④ Munro Scott, *McClure: the China years of Dr. Bob McClure*, Canec Publishing and Supply House, Toronto, 1977.

医生和专业护士，解决了豫北农民看病难的问题。曾经与小罗医生有短暂交集的白求恩正是借鉴了他同乡和校友的经验，为八路军设置了野战医院①。

1937年，七七事变后，日本全面侵华。中国的第一战区就在河南。战争沿黄河两岸你去我来，人民受祸最烈。几个月后日军占领了安阳和卫辉的教会中心以及医院。除了教会人员，中国的医护人员也有离开怀庆岗位的。随着日寇南下，大量难民涌进教会，让本来已经超负荷的怀庆传教中心人满为患。

1938年2月天气寒冷，方太太已经发烧卧床一周，同时担心不能团聚的儿女。方牧师看到经怀庆向南撤退的大批中国军队就在教会大院的墙外。日军的飞机突然出现，向路上的军人轰炸和扫射。教会同人毫不犹豫地将伤兵抬进医院救治。方牧师驾驶经过改装的急救车，不理会其他人的劝说，冒着生命危险连续六次冲入炮火抢救伤员。当炸弹和机枪扫射就在医院墙外的时候，有护工跑到方家的地窖躲避，而方太太却起床披上大衣赶往医院，帮助救护伤员②。方太太给女儿的信里写道："一些人伤势严重，在医院中手术，我们的医院对伤员们来说是安全的。很高兴再看到爹地开车回来了。他一出去我的心就揪起来，一直到他平安返回。当爹地学习驾驶的时候，怎么也不会想到会有眼前的灾难。人生往往如此，上帝给我们机会的时候，我们尚未意识到未来的特殊使命。眼前的死伤和凄惨的哀嚎恐怕会长期地停留在他心中。"③

由于罗明远医生负责领导国际红十字会，组织以郑州为中心的战地救援工作，怀庆医院的手术只能由他训练出来的中国医生操作。很多中国护士已经撤离或者加入中国军队，而教会的专业护士只剩下布莱登女士（Ms. Janet Brydon）。他们连续工作的第一天，就为102位重伤者手术和治疗。罗明远在1938年4月的信中高度赞扬坚守岗位的方氏夫妇："他们救治的伤员挤满了我们的小医院和周边的分院；在怀庆，同人们容忍和应对并且不辱使命的行为将

---

① Alvyn Austin, *Saving China: Canadian missionaries in the Middle Kingdom* 1888－1959，University of Toronto Press，1986. p. 182.

② Sonya Crypma, *Healing Henan: Canadian Nurses at the North China Mission*，1888－1947，UBC Press，2008；p. 140.

③ 方李梅喜1938年的私人书信，方氏私藏。

谱写人道的历史。"①

随着交火的枪声越来越近,教会的大院变成避难所。方太太在信中记载,本来只收容妇孺的教会大院,已经失去控制。他们一敞开大门,立即挤进来2500多人。方家地板上睡的到处都是人,院子里也是老百姓带进来的牲口。她给女儿的信中写道:"目睹肢体不全的伤兵已经很痛苦了,更要命的是平民的伤亡。一个小姑娘的腿被炸烂了,她撕心裂肺的哭声从白天到深夜都没停。本来我在安慰鼓励她,可是要拼命忍住自己的眼泪,因为我明白还是要靠她自己挨过这致命的痛。我同时在想念我的女儿,我的乐意。你从小就离开家,在这残酷的战争中杳无音讯,对我们一家人是怎样的煎熬啊!"②

日军在占领区残酷折磨中国百姓。方太太记录了她救治的一位中国村民:"他不仅浑身被开水烫过,还被从脖子和后背上剐过肉。如此残酷的折磨是经过怎样训练出来的日本人才做得出?他只不过是个村民,想保护两个妹妹。日本兵要带走两个十几岁的女孩,他拼命抵挡和掩护她们脱身,却付出如此惨重的代价,我不确定能救活他。贪婪可以让兄弟反目,也可以引起种族仇杀,我不知道贪婪是否就是这场战争的原因。但我知道,上帝看到这片土地上今天发生的事,他在为我们人类的罪恶感到心碎。"③

让方太太最难过的是在战乱的中国不能和儿女取得联系,尽管1938年他们是相对安全的。方家已经一年没有团聚,完全依赖书信联系。方太太想家、想念亲人、情绪低落,虽不享受津贴她却极尽所能救助中国人。她在信里叙述道:"医院全挤满了,我除了培训护士还要管理医院的工人。我今天刚从南公村(音译)的周末学校回来。"1938年西方尚未与日本宣战。她几乎每封信都为女儿解释为什么她不能离开丈夫的教会,去寻找儿女撤回加拿大,如:"罗医生到黄河对岸的山西去了,忙着(给共产党)提供药品和援助的事情。父亲和博伊德先生(Mr. Boyd)两人分担着罗医生的职责。我也不忍在此时丢下护士们,他

---

① Sonya Crypma, *Healing Henan: Canadian Nurses at the North China Mission*, 1888—1947, UBC Press, 2008: p. 140.
② 方李梅喜1938年的私人书信,方氏私藏。
③ 翻译自方李梅喜1938年写给孩子们的信,方氏私藏。

们要照顾几百号的伤员和几千位难民,如果任何一个病倒,都无法维持。在拥挤的教会院子里,瘟疫很有可能随时爆发和蔓延。"①

日军一旦发现隐藏的中国军人就会就地枪决或活埋。为了掩护收容进教会的中国伤兵,方太太建议将他们的军服拆开染成深蓝色,然后重新缝制。她发动难民中的妇女帮助完成这一任务。方太太担心丈夫驾车出去遭遇不幸,又没办法及时联络。但作为负责人方牧师必须到各地巡视,尤其电话线被日军掐断之后。视察过修武分院后,马医生得到方氏夫妇的高度评价:"医院周围交战激烈,马医生他们把避难的女孩子化装成医院的护士。日本兵进院搜查真把她们当做护士而没敢带走她们。"方太太在信中向自己的孩子叙述对中国医生的敬意:"由衷地崇敬这些中国的男女青年,他们与我们一起坚守着,随时做好最坏的准备,甚至牺牲生命。他们的表现真应该被人书写和歌颂。"②

1938年仲夏夜里,方太太给儿女们写信道:"这些天,我们大家都以你们父亲为荣。如果你能亲历他每天救护车里的惨状和气味就容易懂他了。小罗医生不在,医院的管理落在父亲身上。他除了不进手术室,医院到处都需要他。他多担当,就可以让罗医生领导国际红十字会的工作。父亲还接管了怀庆传教中心主席的职务,周日要查看周围其他传教站。他看上去已经是疲惫不堪的老人了。我只想让我家两个宝贝知道,你们有英雄般的父亲,让全家深感光荣的父亲。收到这封信的时候,你们就快夏季考试了,希望你们的成绩也能让父母骄傲,我相信我们会的。"

日寇丧失人性的残暴行为,令方氏夫妇意识到不能在最需要的时候离去。他们不仅救治和掩护抗日志士,也把收容和保护难民尤其是妇女儿童作为自己的责任。方牧师在怀庆的教会大院里曾经最多收容过2000多妇孺,被日军多次警告、骚扰、切断对外联系甚至被驱逐。他毫不畏惧,与博伊德先生一起和日军的最高指挥官理论,直到被日军拧着胳膊架出城外。日本指挥官怀疑方牧师在当地支持抗日,他命令打断中国信使的双腿,将他扔在教会门外。信中警告方牧师即使挂着红十字会的旗子,开着救护车也有存心与日军作对的嫌疑,其

---

① 翻译自方李梅喜1938年写给孩子们的信,方氏私藏。
② 同上。

领导的教会行为足够让日军炸平怀庆的所有教会设施和医院。

## 撤离中国

加拿大基督教合一会在华北的最后一个教会中心，就是由方牧师夫妇这样的人一直坚守着。直到医疗用品的供给被彻底切断，日军已经开始悬赏捉拿神出鬼没的罗明远医生，并且认定教会就是庇护抗日志士的地方。日军指挥官曾派700多士兵占据和搜查教会的大院。方牧师认为到了必须关闭教会和医院的时候，这要比落在日军手里为其服务好很多。他要求先保证所有中国同人的安全撤离，他的计划得到教会的批准，但是他本人撤离的风险很大。好在不远处有座天主教堂，叶森神父（Jansen）愿意提供掩护和帮助。他与方牧师在日本人眼皮底下用拉丁文交流，逐渐筹划安全撤离。

经过一个月的周密准备，方牧师忍痛将自己半生的家当留下，带出了一座象征中国教友情谊的佛龛和替中国朋友保管的传家信物。朋友向中国的西南出发前，方牧师发誓只要他方家人活着，这些东西就有完璧归赵的那一天。这座佛龛以及信物仍然在乐意的老年公寓里供奉着，但是那些中国人再也没了音讯。方太太当年带出怀庆的是价值连城的镭放射治疗仪，她将其藏在暖手用的手笼里躲避日军的两次搜查，可谓双手捧着带往天津。辗转抵达天津后，方氏夫妇立即投入到救助海河洪灾难民的工作中。直到1940年，他们才偕同重病的女儿回到加拿大。

1941年，儿子方马可加入加拿大海军奔赴欧洲战场，并很快传来阵亡的消息。方太太的姐姐被关入日本在上海的集中营。丧子之痛让他们难以承受，身体和精神都大不如前，但是幸存的方家三口仍然以中国为荣，寻找一切机会为华人服务。他们在加拿大和美国极力宣传中国，为中国争取援助。方牧师1941年的一篇演讲稿中宣传了中国人民抵抗侵略的不屈精神，他认为中国能在看似毫无希望的战争中抵抗四年对于加拿大具有重要意义。他在演讲中号召道："正是由于我见到的中国上下一致的士气和重建精神，让我感到他们将赢得这场战争，也会赢得和平……让我们与中国人民联合起来，用血汗和泪水建设一个新世界；让自由、公正与普世价值常驻的人间。"①

## 故里难归

方乐意在温哥华经过两年的休养调理，身体逐渐恢复。她被不列颠哥伦比亚大学的护士学院录取，并于1947年毕业取得护士资格。方牧师之所以没有回东部的安省老家，是因为他还肩负着不少中国教友的嘱托，在太平洋门户位置的不列颠哥伦比亚省随时准备回中国服务。这在教会通讯中有记录："我们豫北使团的方牧师，因为交通受阻，尚不能返回中国的岗位。他已经应邀临时负责内尔逊的圣保罗教堂……方牧师报告说，他发现那里的人们友善，他已经向当地社区里的多个组织宣讲中国。"方太太与丈夫一样准备重返河南，利用一切机会提高中文，寻找温哥华的华人做朋友。但是广东话与河南话有天壤之别，中国内战爆发和与西方的敌对使方家永远留在了温哥华。乐意也只能带着回归故里做护士的梦想望洋兴叹。后来她结了婚，陪丈夫在美国工作过。方牧师和太太分别在1975和1977年过世。他们的女儿不仅悉心保留下这些书信，而且见证了中国在21世纪的强大，和父母预言成真。乐意告诉我说，尽管父母当年去中国不是为了让后人纪念，但是他们在天之灵会欣慰其作为没有被忘却。

---

① 翻译自方牧师的演讲稿《今日中国》(*China Today*)1941，方氏私藏。

# 近代史料钩沉:《满洲写真大观》

◎乔晓勤[①]

**摘　要:**

　　加拿大多伦多大学郑裕彤东亚图书馆所藏日文《满洲写真大观》(满洲日日新闻社1921年大连出版),是一册比较稀见的记录日俄战争后日本在中国东北地区扩张其势力范围的图册。书中所涵盖的地方有辽宁大连、旅顺、鞍山、辽阳、抚顺、奉天(沈阳)、吉林长春等地。该书重点介绍了"满铁"在中国东北各地经营所涉及的基础设施和公共设施、"神社"、军事设施和战事记录,以及反映中国民俗、民情、历史的图像。利用各种形式的印刷品,宣扬日本的"政绩"和"战绩"是深受日本军国主义当局重视的蒙蔽本国民众、奴役占领国人民及争取列强同情的宣传策略。"满铁"等机构在其中扮演着非常重要的角色。从研究的角度来看,这类出版物能够为我们了解日本对中国东三省的军事侵略和处心积虑的殖民统治提供珍贵的第一手资料,值得相关学者深入研究。

**关键词:**

　　满铁;中国东北;《满洲写真大观》

---

[①] 乔晓勤,加拿大多伦多大学郑裕彤东亚图书馆中国研究馆员,代理馆长。中山大学人类学博士、美国匹兹堡大学图书馆学硕士。

## Testimony of Colonial Rule:
## A Brief Introduction of *Manchuria in Picture*

◎ Stephen Qiao

**Abstract:**

*Manchuria in Picture* was published by Manchuria Nichinichi Shimbun in Dalian, China in 1921. This unique volume recorded Japan's expansion in the Northeast China after the Russo-Japanese War (1904—1905). South Manchurian Railways Co. played an important role in Japan's expansion by controlling the railroads and built coal mines and harbor facilities in Dalian and Lüshun. The historical photographs in the book highlighted infrastructures constructed by South Manchuria Railways Co., Japanese military and civilian facilities along the railroads. Chinese people, history, culture and customs, etc. are also the topics touched in this publication. Besides the obvious propaganda purpose indicated in this and other similar books published in the 1920s to 1940s, Scholars can use the first-hand accounts of the history in their research.

**Keywords:**

South Manchurian Railways Co., historical photographs; Northeast China; *Manchuria in Picture*

加拿大多伦多大学东亚图书馆藏日文《满洲写真大观》由满洲日日新闻社于1921年(民国十年,日本大正十年)在大连出版。全书共142页,前有折页"南满洲铁道株式会社铁道路线及委任经营铁道路线略图"一幅(比例尺1∶3000000),"大连大广场"(今中山广场)彩图一幅。该书在OCLC WorldCat联合目录中记载,只有美国哈佛大学哈佛燕京图书馆拥有此书。中国国家图书馆、北京大学图书馆的联合书目检索系统中均无此书的记载。CALIS联合目录公共检索系统中有《南满洲写真大观》,著者金泽求也,亦由满洲日日新闻社印刷部于1911年出版,现藏澳门大学图书馆。另有未著录的《满洲写真大观》,由青岛三船写真馆于1920年发行,从书影来看与本书内容不同。

《满洲写真大观》的编纂者为别所友吉,发行者为橘秀一,印刷者安井源吉,三人均为株式会社满洲日日新闻社的职员。橘秀一还是1931年满洲报出版发行部发行的《华译国联调查团报告书》的发行人。《满洲写真大观》主要由黑白照片组成,图版均用铜版纸印刷。书前有"卷头辞"及后藤前递信大臣及前清肃亲王等12人的题辞。书中所涵盖的地方有大连、旅顺、金州(金县)、瓦房店、营口、海城、鞍山、辽阳、抚顺、奉天(今沈阳)、铁岭、开原、四平、长春、吉林、本溪等地。该书是日本侵占、经营中国东北罪行的一份真实写照,所涉及的内容包括日本人在中国东北各地所建的各类建筑、基础设施和公共设施、日本"神社"、"战事纪念碑"、"忠魂碑"、军事设施、战事记录,以及中国的民俗、民情和历史。(图1)

《满洲日日新闻》是满洲日日新闻社在大连所发行的日文报纸,隶属于南满洲铁道株式会社。该报创刊于1907年11月3日,社址在大连东公园町(今鲁迅路)17号。1927年与《辽东新报》合并,改名为"满洲日报"。1935年8月收买《大连新闻》,复称"满洲日日新闻"。1936年9月脱离满铁,加入伪满弘报协会。1938年12月1日吞并沈阳《奉天日日新闻》,报社迁到沈阳,大连为支社。1945年8月16日随着日本的投降而停刊。日本在殖民统治台湾期间的株式

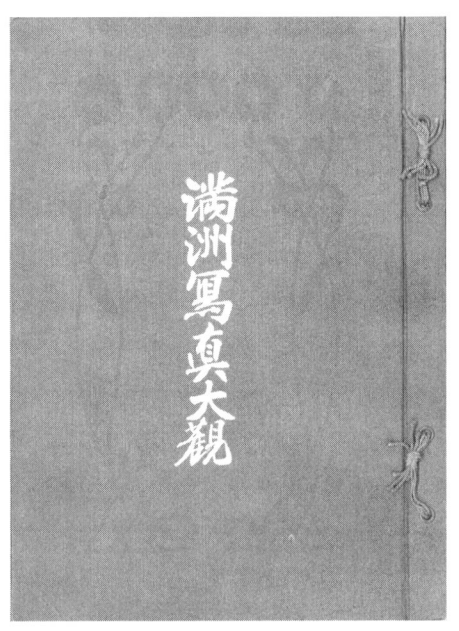

图1 《满洲写真大观》封面书影

会社台湾日日新闻社,也发行了《台湾日日新报》,是日占时期台湾发行量最大的报纸,其创刊的时间是1898年,1944年停刊。

　　日俄战争中胜利的日本,于1905年派其在中国台湾"总督府"的民政官后藤新平前往中国东北考察,并为日本驻满洲总参谋长儿玉源太郎草拟《满洲经营策梗概》,开始了全面侵占中国东北的战略部署。1906年日本成立"南满洲铁道株式会社",任命后藤新平为首任总裁。从《满洲写真大观》所附地图"南满洲铁道株式会社铁道路线"可以看出日本在中国东北和朝鲜半岛建设铁路与其逐步吞并中国东北的企图相互吻合。在20世纪20年代初,被称为"委任经营铁道"的铁路已穿越朝鲜半岛,分别起始于半岛南端釜山和木浦的线路在大田会合,之后向北延伸到京城。然后分为两条:一条进入咸镜南道,终点是咸兴;一条从京城经过平壤,直达中朝边境的新义州。进入中国境内的满铁铁路被称为"会社铁道":一条起于安东(今丹东),终点为奉天,称为"安奉线";另一条从辽东半岛南端的旅顺,经奉天长春,并由"委任经营铁道"连接到达吉林。从日本本土的门司、下关等地,渡黄海可直达旅顺。而满铁的铁路敷设计划着眼于方便日本对中国东北的大举军事入侵和政治渗透。被满铁称为"涉外铁路"的长春至哈尔滨的一段属于俄国人修建的大清东省铁路,是又称"东清铁路"的一部分。(参见图2)

　　从《满洲写真大观》可以看出,早在20世纪20年代初期,以大连、旅顺为起点,为军国主义服务的满铁就将其触角伸到南满铁路沿线的各个地方。该书中有大连、旅顺、金州(金县)、普兰店、瓦房店、熊岳城、大石桥、营口、海城、鞍山、辽阳、抚顺、奉天(沈阳)、铁岭、开原、四平街、郭家店、公主岭、长春、吉林、本溪,以及安奉线的安东、凤凰城、刘家河、草河口、桥头等各地的图片。其中以大连和旅顺的图片数量最多,涉及两地的各类民用设施和军用设施。有炫耀在日俄战争中战胜俄国的"表忠塔"、"忠魂碑"、"纪念碑"、"战事纪念品陈列场"、"战迹"等。民用设施旨在宣扬其建设成就,有码头、造船所、银行、商店、医院、邮局等。学校、公园、寺院、"神社"、教堂也有所涉及。其中"横滨正金银行大连支行"、"株式会社大连银行"、"大连川崎造船所"及"满铁"的各种机构规模较大。大连和旅顺以外地区则以与日本殖民统治直接相关的设施为主,包括日军守备

图 2　在大连的满铁总部

队、军营、领事馆、警务署、"忠魂碑"、"战迹"、"神社"、医院等。该书最后有反映关内、关外中国民俗和文化的照片 30 余幅。(参见图 3)

1906 年"南满洲铁道株式会社"(South Manchuria Railways Co.，简称 SMR)首先在日本设立，次年迁入了大连。主要经营铁路、海运、航空等交通运输业，同时从事矿业、冶金、造船、电气、农林畜牧、文化、教育、旅游等业务，拥有昭和制钢所(现鞍山钢铁集团公司前身)、满洲采金、满洲矿业开发、大连川崎造船所、满洲电业，以及遍布各主要城市的满铁医院和大和旅馆等多家会社和文教科研医疗机构。同时满铁还负责其附属地内各城市(奉天、长春、鞍山、大石桥、四平街、公主岭、辽阳、铁岭、海城、开原、瓦房店等以及支线上的抚顺、安东、凤凰城、本溪湖等)的市政管理。除此之外，自 1907 年开始，满铁内部调查科成立的调查部还对东北各铁路沿线的政治、经济、民生、法制、工商、交通，以及民俗、社会等进行了全面调查，出版有各类调查报告。

图 3　满族妇女的服饰

"满铁"在 1907 年接收大连港后,即着手进行港口的扩建和改造,成立"大连埠头局",对港口实行全面管理,并完成俄国人尚未完成的防波堤、码头等港口工程。到 20 世纪 40 年代初期,大连港的货物吞吐量已经达到 1880 万吨,成为远东的大型港口之一,先后开辟了从大连港至上海、日本、渤海沿岸诸港和华南一些港口的货运和客运航线。其中大连—上海航线是大连港的第一条客货定期航线,于 1908 年开通。后来相继开通的航线有大连—烟台、大连—青岛、大连—威海、大连—龙口等地的定期班轮航线。1910 年"满铁"港务当局还开辟了往返日本大阪、神户的"日满"水陆客货联运航线,以及至台湾、香港等地的客货班轮航线。高峰期的 1941 年,大连港年客运人数达 170 余万人(参见图 4)。"满铁"经营的大和旅馆(ヤマトホテル,Yamato Hotel)也遍布东北各地。如位于现大连市旅顺口区文化街 30 号的旅顺大和旅馆,俄国人始建于 1903 年,1906 年被"满铁"改建为"大和旅馆"。除了旅馆的功能,该旅馆还带有日本半情报机关的性质。1927 年,川岛芳子与蒙古王爷之子甘珠尔扎布在此举办婚礼。1931 年,这里又成为溥仪的"行宫"。日本关东军筹划伪满洲国政权、郑

图 4  大连港码头一瞥

孝胥等人的活动都与这间旅馆有关。

在《满洲写真大观》上题词的人中有陆军中将押上森藏、"满铁"社长早川千吉郎(1863—1922)及前清肃亲王等。押上森藏曾在 1910 年 3 月至 1912 年 4 月任旅顺要塞司令官,接替在 1910 年 2 月战死的税所笃文少将,他的题词是:"千里一篇"。早川千吉郎于 1901 年任三井银行专务理事,1918 年升任三井合名会社副理事长,1921 年 5 月出任满铁社长,1922 年 10 月在奉天高等小学校演说中猝死,他题了"岁寒始知松柏之后凋"。肃亲王善耆(1866—1922)历任崇文门税监、步军统领、民政部尚书,辛亥革命后为宗社党骨干,拒绝在清帝退位诏书上签字,后在川岛浪速的协助下逃至日本占领的旅顺,两次发起满蒙独立运动,均以失败告终。善耆于1922年3月29日病故于旅顺,后被运回安葬于北京肃亲王墓地。溥仪追谥忠,全称"肃忠亲王"。从其题词的"情随事迁"四字(参见图5),可以看出其当时寓居东北,寄于日本人篱下的心态。

日本殖民统治东北期间所出版的类似图册还有:1914年为满洲日日新闻社出版的《满洲土产写真贴》,作者守屋秀也,书中有260余幅照片,展现内容多为中国东北各地与日本相关的民政设施、日本"神社"、兵营及当地风物、民俗等场景。朝日新闻社于1931年出版了《满洲事变写真画报》,共计4册,属时事画报类出版物,主要用黑白照片记述九一八事变后日军大举侵华的史

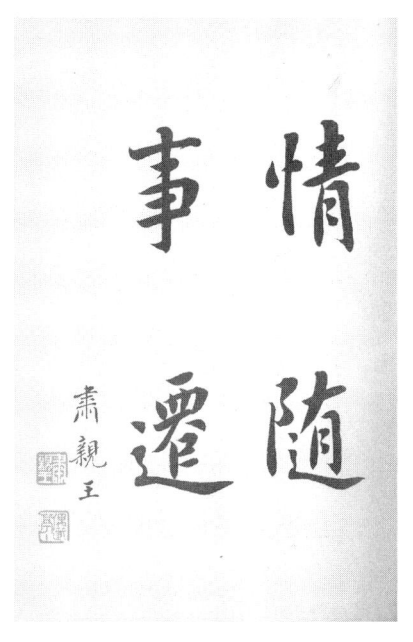

图5 肃亲王题词"情随事迁"

实。《跃进满洲画贴》,长26厘米、宽19厘米,封面及内页均为纸板,册页式装订,共有46页,收入摄影图片70幅,记录了日军占领区工农业及地理风物、民俗民风等内容。《满洲事变写真贴》,由南满洲铁道株式会社1932年出版,是当年以"满铁"总裁名义对外的赠送品。《满洲事变,上海事变,新"满洲国"写真大观》由日本雄辩会讲谈社于1932年4月出版发行,16开本,书中有800余幅图片及大量文字叙述,多为当时日本军方战地记者拍摄和撰写,反映了日军侵占中国东北三省地区及天津、上海、杭州等地的全过程。该书由当时的日本内阁总理大臣犬养毅题字,日本海军大臣大角芩生和陆军大臣荒木贞夫作序。该书中还有伪满洲国皇帝溥仪、皇后婉容及郑孝胥等伪满洲国官员的照片。《满洲概观》为南满洲铁道株式会社于1936年出版的摄影集,作者松本丰三,书中收录有关于东北的环境、城市、文化、名胜、民俗等摄影作品数百张。

利用各种形式的印刷品宣扬日本的"政绩"和"战绩",是深受日本军国主义当局重视的蒙蔽本国民众、奴役占领国人民及争取列强同情的宣传策略。铁路

公司在其中扮演着非常重要的角色。在日本国内,"日本帝国国有铁道公司"(Imperial Government Railways)就负责出版各种文字的介绍日本的资料,如旅游手册、城市导览手册等。本文所讨论的"满铁"更不遗余力地利用印刷品为日本的侵略扩张摇旗呐喊。从研究的角度来看,这类出版物能够为我们了解日本对中国东三省的军事侵略和处心积虑的殖民统治提供珍贵的第一手资料,值得相关学者深入研究。日本军国主义的"大东亚共荣圈"的美梦早就随着第二次世界大战的结束而灰飞烟灭。历史照片所留下的各种真实记录,对今天的人们仍有重要的警醒作用,使我们不要忘记历史,更珍视和保卫今天的和平。

# 林达光与麦吉尔大学东亚系

◎ 郑美卿①

**摘　要：**

　　本文着重讲述林达光教授促成麦吉尔大学东亚系成立的背景,以及他在担任中文系主任时期的学术与政治活动。

**关键词：**

　　中国学；林达光；麦吉尔大学东亚系

Paul Lin and the Department of East Asian Studies at McGill University

◎　Macy Zheng

Abstract：

　　This article presents a brief history of the Department of East Asian Studies at McGill University and the academic and political activities of Paul Lin, the chair of the department.

Keywords：

　　Chinese Studies；Paul Lin；East Asian Department，McGill University

## 前言

　　笔者在《天禄论丛》第 5 卷中曾讲述了加拿大的麦吉尔大学在 1930 年成立

---

　　①　郑美卿,加拿大麦吉尔大学图书馆东亚研究馆员。(East Asian Studies Librarian, McGill University Library)

中文系的历史以及江亢虎出任麦吉尔大学中文系主任的经过。令人遗憾的是，这段历史仅存在了不满四年。在沉寂了34年之后，麦吉尔大学东亚系终于在林达光教授的不懈努力下于1968年成立并运作。

## 一、麦吉尔大学东亚系成立的背景

麦吉尔大学成立于1821年英国殖民地时期，因此它的校龄比加拿大的国龄还大近半个世纪。它在国际上声誉卓著，有"加拿大哈佛"之称。麦吉尔大学不仅在加拿大的高等教育中起着领头羊的作用，还是最早在加拿大成立中文系的大学。1920年成为麦吉尔大学校长的亚瑟·库里（Arthur Currie，1875—1933）[①]认为加拿大需要加强对中国文化、语言、经济、社会各个方面的了解。他亲自促成了中文系在1930年的建立，并聘请了当时在汉学方面有极高声誉的江亢虎担任系主任。遗憾的是，库里校长在1933年11月突然去世后，校方以财政短缺为理由于1934年关闭了这个系。在此后的数年间，加拿大的大学没有设立任何中文系或东亚系。

自从第二次世界大战结束以后，美国开始重视地区研究（area studies），尤其是东亚研究，并给予资助。1958年，美国联邦政府通过了增强外语教育及地区研究的议案，并因此成立了很多亚洲研究方面的机构。[②] 1975年，美国学术团体协会（American Council of Learned Societies）由福特基金会资助，调查了美国东亚图书馆的状况并提交了报告，建议更有效地发展东亚研究资源。在20世纪60和70年代，除了已有的东亚馆，美国又有超过40所高等院校建立了东亚图书馆或图书馆的东亚部门[③]。

---

① 亚瑟·库里（Arthur Currie，1875—1933），是带领加拿大军队参加第一次世界大战的将军。1920—1933年任麦吉尔大学校长。

② 王立、郑美卿、司徒萍：《北美大学东亚图书馆的历史、现状和前瞻》，《国际汉学》2015年第2期，第189—199页。

③ *Ibid.*

在加拿大,怀履光(William Charles White)主教①曾在 20 世纪 30 年代和 40 年代在多伦多大学教授中国学方面的课程。他可能是继江亢虎后第一位在加拿大开设中文课程的教授,但那时多伦多大学尚未成立中文(或东亚)系。1960 年,英属哥伦比亚大学(UBC)建立了亚洲系。② 多伦多大学在 70 年代正式建立了包括中日韩研究的较完整的东亚系。③麦吉尔大学也在 1968 年成立东亚研究中心和东亚系,这与当时北美其他地区东亚研究的发展是息息相关的。

## 二、林达光对麦吉尔大学东亚系和东亚研究中心的成立与发展的贡献

林达光 1920 年 3 月 14 日出生于加拿大的温哥华。1943 年获美国密歇根大学文学学士学位。1945 年获哈佛大学国际法国际关系学硕士学位。1950 年初为帮助新中国的建设,放弃正在哈佛大学攻读的博士学位,带着妻子和两个幼子来到中国。曾任中国新闻总署国际新闻局编辑、中央广播事业局英语广播艺术指导、福建华侨大学教授,还下放农村劳动过一年。1964 年回到加拿大,1965 年到麦吉尔大学任历史系教授,至 1982 年提前退休。他还在 1981 年创办加拿大宋庆龄儿童基金会。林达光 1986 年到达澳门,任澳门东亚大学校长。他在 1998 年获加拿大总督颁发加拿大勋章,2004 年 7 月 4 日在温哥华病逝。

林达光 1964 年 10 月从中国回来后不久,英属哥伦比亚大学东亚系主任威廉·霍蓝德(William Holland)教授给他提供了一个从 1965 年 1 月开始的教职。这个工作只延续了几个月。在这段时间里,林达光还举办过几场有关中国的讲座。然而,这些讲座却给霍蓝德教授带来了麻烦。霍蓝德教授告诉林达

---

① William Charles White(怀履光,1873—1960),原是加拿大圣公会在中国的传教士主教,后来成为汉学专家并在多伦多大学任教。

② Department of Asian Studies, University of British Columbia. http://www.asia.ubc.ca/department-2/department/history.

③ Department of East Asian Studies, University of Toronto. http://www.eas.utoronto.ca.

光,有个记者攻击他,说他雇佣了一个刚从中国来的教授。①

两个月后,英属哥伦比亚大学的校长约翰·麦当劳(John Macdonald)邀请林达光在教师俱乐部午餐,并在午餐时直截了当地告诉林达光他不能再留用他了。因为上次那个记者去调查了霍蓝德教授的背景。这个记者发现霍蓝德教授曾在1950年被约瑟夫·麦卡锡(Joseph McCarthy)的众议院非美活动调查委员会②调查,被发现曾任太平洋关系学会(Institute of Pacific Relations,简称IPR)主任。而且,由于霍蓝德在任职期间雇佣了一个苏联间谍而被IPR解除职务,现在霍蓝德又雇佣了在中国生活工作长达15年的林达光。麦当劳校长跟林达光说如果英属哥伦比亚大学继续雇佣他,那个记者会发表诋毁英属哥伦比亚大学的文章。林达光因此离开了英属哥伦比亚大学。③

在林达光的回忆录《走入中国暴风眼》里,他写道:"当这个消息传出后,学生们要进行抗议来表示对我的支持。我对他们表示了感谢,但是我告诉他们我刚从中国回来,不希望让此事搞得满城风雨,也不想对霍蓝德教授造成任何伤害。我同时也告诉学生们中国是个有着古老文明,并经历了巨变的大国。对于加拿大以及它的人民来说,了解中国是至关重要的,无论我们对中国抱有何种看法。我们把中国妖魔化或是美化都是无益的,而是应该真诚地探讨它的过去与现在的实际状况。同时,我要行使表达我的信念的权利,而且我也不会失掉我的良心,无论有关中国问题的压力是来自政府或是来自传媒。"④

1965年7月,霍蓝德教授告诉林达光,蒙特利尔的麦吉尔大学有一个教职的空缺,并问他是否有兴趣申请这个职位。这个工作包括教授中国历史以及担当将要成立的东亚研究中心主任。林达光在他的回忆录中提到:"我8月飞到蒙特利尔面试。麦吉尔大学给了我三年的合同,开始的年薪为9000元,还为我

---

① *In the Eye of the China Storm:A Life Between East and West*. p. 124.(此书的中文版为《走入中国暴风眼》)

② 众议院非美活动调查委员会(The House Un—American Activities Committee)是美国众议院的调查委员会,1938年创立,以监察美国纳粹地下活动。然而,它却因调查与共产主义活动有关的嫌疑个人与组织而著名。委员会反共调查常常与参议员约瑟夫·麦卡锡有关。

③ *In the Eye of the China Storm*. p. 128.

④ *Ibid*.

提供 1000 元的搬家费。作为助理教授,我的合同从 1965 年 9 月开始。我将在历史系教授三门课程:中国历史、日本历史和东亚在 19 世纪 20 世纪的转变。我与家人商量之后,接受了这个职位。"①

从以上林达光的回忆我们可以确定,麦吉尔大学在林达光到达那里之前已经开始筹备建立东亚研究中心。麦吉尔大学档案馆的资料显示,在 1965 年 2 月,由麦吉尔大学的提名委员会提议,并由学院理事会组建了东方研究委员会。被委任的六位委员会成员来自以下六个部门:发展地区研究中心、伊斯兰研究学院、生物化学系的诺尔曼·白求恩交流项目、政治学系、俄文系,以及人文学部。担任这个委员会主席的是诺尔曼·白求恩交流项目的负责人——肯尼斯·埃利奥特(Kenneth Elliott)教授。②

委员会成员们一共开过六次会议。新到任的历史系教授林达光出席了最后的一次会议。在不排除其他研究地域的前提下,东方研究委员会特别优先考虑了中国、日本与印度的研究。实际上这些方面的研究在麦吉尔大学直到 1965 年都尚未设立。委员会还讨论了东方研究的侧重点应放在什么方面,是语言和文学,还是社会科学。另外,讨论还涉及了首先应设置本科还是研究生课程,以及如何建立有关的图书馆馆藏等问题。同时,在东方研究的财务支持方面,东方研究委员会也期待将能够担当催化剂作用的角色。③

东方研究委员会认为麦吉尔大学,正如西方的多数大学一样,将它在人文与社科方面的教学过多地集中在了西欧的文化传统方面。然而,喷气机时代(jet-age)的世界要求学术研究不应该从地域的角度将一些地区排斥在外。至少应建立对东方的三个主要地区——中国、日本及印巴地区的教学与研究。这三个地区代表了不同的社会结构及发展状况。委员会认为:第一个可行的做法是建立新的院系,提供有关这些国家的历史及文化的课程,并教授中文与日文;另一个做法是在现有院系的基础上,例如历史系、哲学系、语言系及宗教研究学

---

① *In the Eye of the China Storm*. p. 131.
② Report of Committee on Oriental Studies Report, Faculty of Arts and Science. RG3, C41, File 667.
③ *Ibid*.

院来共同承担起提供亚洲研究课程的任务,而且来自这些院系的某位教授可被指派为东方研究项目的协调人,并认为林达光教授最适宜承担这个任务。

东方研究委员会还提出了其他一些建议。例如成立一个后续的东方研究委员会,这个新委员会将在有关的院系中组织东方研究的教学,或考虑组建一个中文系或东方研究系,并且还应继续探讨将中国及日本研究发展为研究生级别的可行性。①

在1966年,肯尼斯·埃利奥特教授写信给艺术与科学学院院长哈利·沃茨(Harry Woods),向他汇报了委员会探讨与蒙特利尔大学在远东研究领域合作可能性的成果。委员会认为,这些合作包括两个大学联合聘用教授,两校学生可选读对方学校提供的课程,以及双方共用两个学校图书馆的馆藏等设想。②

1967年,多伦多大学的罗斯·麦当劳(Ross Macdonald)教授参观了麦吉尔大学。他随后在给麦吉尔大学人文部副主任道格拉斯·埃利斯(Douglas Ellis)教授的信中写道:"我看到麦吉尔大学对东亚研究如此地感兴趣,这真是令人振奋。我期待着听到你们建立一个全面的中日韩的教学与研究项目的计划。"③

在收到这封信的几天后,埃利斯教授给麦当劳教授回信:"很高兴您来到麦吉尔,即便只有很短的时间,与我们探讨整个有关东亚研究的问题。您知道,麦吉尔的确对这个领域十分感兴趣,并且正在严肃地考虑在我校建立这个专业的可行性。您也了解,有关方面涉及的一些复杂问题还有待解决。对于这样一个重要的项目,不论是在它的发起阶段以及随后的发展阶段,如果它对于学术研究及我们的社区都有利的话,我们就有必要谨慎地策划。"④

---

① Report of Committee on Oriental Studies Report,Faculty of Arts and Science. RG3,C41,File 667.

② *Ibid*.

③ Ross Macdonald to Douglas Ellis,May 10,1967,RC3,C41,File 667,McGill University Archives.

④ Douglas Ellis to Ross Macdonald,May 19,1967,RC3,C41,File 667,McGill University Archives.

经过以上的准备之后,沃茨院长在1968年4月向大学理事会(the Senate)和学术政策委员会(Academic Policy Committee)呈递了由艺术与科学学院的东亚研究委员会起草的"结构与学术项目报告"(Report on Structure and Academic Program)。这份报告回顾了成立东亚研究委员会的背景:"对东亚研究项目具体计划的期待在麦吉尔大学已经孕育了至少三年了。最初由肯尼斯·埃利奥特教授担当主席的东方研究委员会呈交过一份报告,督促将这类研究机构作为大学发展的主要项目。麦吉尔大学在这方面具备独一无二的有利条件。这份报告由后来的亚洲研究委员会呈报给了艺术与科学学院的人文部和社科部,并得到了两个部的强烈支持。委员会随即起草了一份三年的初步推动东亚研究发展的预算计划。这个计划在1967年10月16日上报给学院理事会并得到批准。从此,东亚研究委员会成立,并认真地研究了我们现有的资源以及今后的潜力。这个研究首先着眼于找到最佳的组织结构,其次是制定课程计划。我们都很清楚,要使这个项目进一步发展,我们不能再延迟做出这两方面的决定了。"① "以林达光教授为主席的东亚研究委员会在报告中说它已确定了它的调查结果,并作出一些提议。现在将报告上呈,等待批准。委员会希望它所提议的课程能够在1968—1969学年开始。"②

东亚研究委员会还对美国和加拿大设有东亚研究课程的21所大学的组织结构与课程安排进行了全面的调查。委员会的调查不仅基于这些学校的书面报告,还亲自到一些地方进行了实地调查。在与院长探讨了所有的选项后,委员会向麦吉尔大学建议成立东亚语言文学系及东亚研究中心。委员会建议这个系的主要任务是承担与促进东亚语言与文学的学习。东亚研究中心将由有关的各个学科组成。它的主要责任是提供一个架构来协调大学内各科系不断增长的对东亚产生的兴趣。可以预见,对促进强大的跨学科的东亚学习与研究,这个中心将发挥催化和组织的作用。③ 在研究方面,东亚研究委员会建议

---

① "Report on Structure and Academic Program", Committee on East Asian Studies, Faculty of Arts and Science.. RC3, C41, File 667, McGill University Archives.
② Ibid.
③ Ibid.

东亚研究中心支持现有教授的研究兴趣,委员会还提出在当前阶段研究领域的建议,例如"文化大革命"及其后果、中华人民共和国、中国的政府与政党、中国的工业化进程等课题。①

1968年4月17日,麦吉尔大学理事会批准了由学术政策委员会提出的在麦吉尔设立东亚研究系的建议。沃茨院长急切地希望学校的董事会(the Board of Governors)能够最终正式地批准这一建议,以便能够使1968—1969年度的两位待聘教职人员可以被正式委派到东亚系任教。②

1968年5月,麦吉尔大学副校长迈克尔·奥利弗(Michael Oliver)在写给加拿大国际事务研究所主任约翰·霍姆斯(John Holmes)的信中说:"最近,麦吉尔大学的东亚研究委员会主席林达光教授通知我,加拿大国际事务研究所有在加拿大大学推广当代中国研究的兴趣。这在加拿大的学术界是极其有意义的进展,对我们来说更是一项好消息。您已经获悉,麦吉尔大学理事会已经批准了东亚研究中心和东亚语言文学系的建立。在这个框架下,我们可以预见,麦吉尔大学以当代中国为主的东亚研究将会强劲地发展。"③

奥利弗副校长还在他的信中强调,麦吉尔大学与中国保持着白求恩医学交流项目,这也是北美唯一与中国有学术交流的大学。因此,从这个角度看,我们应该做出特殊的贡献。

麦吉尔大学也希望将这个交流项目扩展到其他领域,并扩展到中文教学。中文教学将在为加拿大培训各个学科和专业人才方面做出贡献。奥利弗副校长同时也十分了解资金来源是关键因素。需要资金的方面包括发展图书馆馆藏,招聘合格的教职与研究人员,提供有关设备,以及为在中文领域的学生学者提供资助。他估计如果每年需要25万元,在五年时间内大约需要125万元的资金。然而,就在同一年,省政府给麦吉尔大学的拨款却减少了很多,很多已有的项目也有被裁掉的危险。即使在这样困难的状态下,奥利弗副校长仍然坚信

---

① "Report on Structure and Academic Program", Committee on East Asian Studies, Faculty of Arts and Science. RC3, C41, File 667, McGill University Archives.

② Svenn Orvig to Rocke Robertson, RC3, C41, File 667, McGill University Archives.

③ Michael K. Oliver to John W. Holmes. RC3, C41, File 667, McGill University Archives.

中国以及东亚研究的建立不能再耽搁了。

霍姆斯主任很快给奥利弗副校长回了信。他在信中表示,他听到麦吉尔大学筹备组建东亚系的计划非常高兴。他愿意尽一切努力来给予鼓励与帮助。在霍姆斯主任收到奥利弗副校长的信后,林达光教授还亲自拜访了霍姆斯主任,并向他做了汇报。

然而,创办东亚系的计划也受到一些消极因素的影响。1968年7月,麦吉尔大学图书馆的主任基思·克劳奇(Keith Crouch)给研究生院院长斯坦利·福罗斯特(Stanley Frost)写信表达了他对发展东亚馆藏的担忧。他认为图书馆的当务之急是应该解决馆里已存在的一些问题。图书馆需要资金来保证支持研究生学习的馆藏。发展东亚馆藏会分散图书馆已经短缺的资金。① 福罗斯特院长基本上同意,并随即写信给奥利弗副校长说明这样的看法。② 创办东亚系与东亚研究中心的其他一些困难也主要来自资金的提供方面。尽管面临重重困难,东亚系和东亚研究中心还是在1968年建立起来了。

哈利·沃茨院长在1968年9月26日写信给麦吉尔大学校长罗科·罗伯逊(Rocke Robertson)说:"您已获悉,理事会批准了东亚研究中心和东亚语言文学系的建立。我们聘请了两位中文教师,至目前为止有40多位学生注册。对于刚开始的中文课程来说,我想这个数字是很出色的反映。"沃茨院长还向罗伯逊校长汇报说:林达光教授在筹建东亚中心方面承担了大量工作,他从历史系借用了文秘人员和一些设备,并尽可能地做了任何他力所能及的事。这一切都是在当前极其不利的条件下来运作的。沃茨院长相信,如果眼下可以配给4000元来作为支付文秘人员的薪金以及购买打字机和文具等最起码的设备,对东亚中心的运作就能起到很大作用。沃茨院长还说,当前我们只要求这样一小笔钱来让东业中心开始运作,即使这笔钱需要算作是贷款也是有必要的。③

1968年10月8日,林达光还给迈克尔·奥利弗副校长写信告知他在魁北

---

① Keith Crouch to Stanley Frost. RC3, C41, File 667, McGill University Archives.
② Stanley Frost to Michael Oliver. July 16, 1968. RC3, C41, File 667, McGill University Archives.
③ Harry Woods to Rocke Robertson. September 26, 1968. RC3, C41, File 667, McGill University Archives.

克的中国与亚洲研究委员会召开了会议,并且他当选为执行委员会副主席。10月9日,奥利弗副校长回信给林达光和沃茨院长:"我准备审阅10月8日会议讨论的有关东亚研究中心前景的备忘录。去年我们的大学批准了东亚系与东亚研究中心的建立,但是却没有落实资金。我们在夏季时曾经向阿尔文·汉密尔顿(Alvin Hamilton)、赛勒斯·伊顿(Cyrus Eaton)等人筹款,但尚未通过这些渠道取得成功,研究中心的活动也因此而受到限制。"沃茨院长1968年9月26日给校长建议拨款4000美元作为启动东亚中心的运作。沃茨院长同时解释这样一笔小额资金并不是为将来长期提供资金的承诺。①

1968年10月,罗科·罗伯逊校长写信给校监(Chancellor)霍华德·罗斯(Howard Ross):"我附上奥利弗副校长有关东亚研究的1968年10月9日的备忘录。这是一个试验性质的项目。它的前景好坏很大程度上取决于外部筹款的成功与否。这一点我们一直是很明确的。我想不把它纳入大学永久性的拨款是明智的。这正在成为问题关键,而且很明显,我们不要再拖延给林教授答复了。他正在越来越感到不安。"罗伯逊校长还说他已经承诺为东亚研究中心拨出4500元。②

1968年10月31日,林达光收到了东亚研究中心正式成立的备忘录,同时由林达光倡议的启动建立东亚研究中心的4500元资金也已拨出。③

东亚研究中心成立后,林达光又开始争取图书馆的资金。1968年11月8日,他给奥利弗副校长写信说:"我写这封信要求尽早发放给我们由东亚委员会建议的给图书馆3万元的拨款。我们注意到福罗斯特院长在学术政策委员会上的观点,即在发展地区研究的馆藏之前,大学应该作长期计划。但是我们强烈认为,那样把资金悬起来会有很大的破坏力。我们已经大规模启动了几个学科的教学,并急需使用图书馆资源。我们相信,中国与东亚方面的研究不能再

---

① Michael Oliver to Harry Woods and Paul Lin. October 9, 1968. RC3, C265, File 6382, McGill University Archives.

② Rocke Robertson to Howard Ross. October 16, 1968. RC3, C41, File 667, McGill University Archives.

③ Memorandum from B. Gick to Paul Lin. October 31, 1968. RC3, C265, File 6382, McGill University Archives.

被看作是少数人的神秘学科。这个学科的教学当今在美国的每个大学都得到重视,已充分证明了这一点。"林达光还反驳了图书馆的克劳奇主任对东亚图书的编目与加工要付出昂贵费用的说法,并提出了一些节省开支的建议。① 不过,现有的档案记录未显示当时图书馆对此的回应,也不清楚当时的图书馆是否为东亚的教学与研究提供了图书资源。我们只能推测当时在困难重重的条件下成立了东亚系及东亚研究中心。这段历史被写进了麦吉尔大学 1968 年的总结报告中:"理事会通过了东亚语言文学系与东亚研究中心的建立。这个建议是由以林达光教授为主席的东亚研究常务委员会提出的。这为促进东亚研究与吸引外部资助提供了极好的框架。"②

东亚研究委员会在 1968—1969 年课程设置方面的建议,体现了当时人们对东亚研究感兴趣的方面。例如,在新建的东亚系开设初级、中级和高级中文课程。历史系则设置东亚文明概况、东亚 19—20 世纪的转变和日本历史(古代到明治维新)三门课程;在政治系开设的课程有亚洲的政府与政治、比较政治哲学;在经济系设置了中国与日本的经济历史等课程。

东亚研究中心的具体功能包括:协调图书馆资源的发展,促进与其他大学在东亚研究方面的交流,赞助跨学科的研讨会与客座讲学,并出版研究成果的文献,以及为进修提供奖学金。

麦吉尔大学的东亚研究中心在成立之后发挥了很大作用。很多知名学者受到中心的邀请来做讲座。例如,著名学者李约瑟(Joseph Needham)于 1975 年前来做了 *The History and human values: a Chinese perspective for world science and technology* 的讲座③。这个讲座的内容后来发表在麦吉尔大学东亚研究中心出版的 *Occasional papers* 里。④ 其他知名学者如费孝通、塞缪尔·

---

① Paul Lin to Michael Oliver. November 8, 1968. RC3, C265, File 6382, McGill University Archives.

② Annual Report (1967—1968), McGill University.

③ Joseph Needham(李约瑟,1900—1995),英国生物化学家和科学技术史专家,其所著《中国科学技术史》对现代中西文化交流影响深远。

④ Needham, Joseph. *History and human values: a Chinese perspective for world science and technology*. Montreal: Centre for East Asian Studies, McGill University, 1975.

诺莫夫（Samuel Noumoff）、夏瑞春等也做过各种专题讲座。

在麦吉尔大学工作了17年之后，由于健康及其他原因，林达光于1982年提前退休。当时的校长大卫·约翰斯顿（David Johnston）为他开了欢送会。约翰斯顿校长说，当林达光1965年来到麦吉尔大学的时候，新中国在西方仍是十分神秘的国度。林达光教授建立的东亚系将中国的语言文学介绍给了加拿大东部的学生。他还提到林达光建立加中商会及在其他组织中促进了东方与西方的了解。①

### 三、林达光教授为中西方的相互了解做出了不懈的努力

林达光虽然出生在加拿大，但他从青年时代起就非常热爱中国与中国文化。在大学读书时他成为学生领袖，并发表演讲谴责日本侵略者在中国所犯下的罪行。在新中国刚成立的时候，他举家搬到中国，希望为中国尽其所能。但14年后，他似乎感到没能像他当初所期待的那样为中国建设发挥他的作用，因此于1964年返回加拿大。他在西方受到的民主思想与他在中国看到的一些现象时有碰撞。例如，林达光在中国曾表示中国宣传美国工人阶级的绝对贫困化是不符合事实的，他认为只能说是相对贫困化，结果这被其他人视为林达光的亲美言论；他还认为任何党和个人都不可能永远不犯错误，这在当时也受到批判。②

当林达光回到加拿大后，加拿大皇家骑警和美国联邦调查局把他当做中国共产党嫌疑人密切监视，并同时监视他的家人。林达光19岁的长子去美国玩，在返程中驾车行驶到美加边界时发生车祸致死，事故被定性为交通意外。但在这之前不久，他在打给妈妈的电话中说他感到正在被跟踪。林达光从未被允许看到这份交通意外的原本调查报告。

林达光虽然在麦吉尔大学工作将近20年，有关他的文献在麦吉尔档案馆

---

① *In the Eye of the China Storm*. P. 231.
② 林达光夫人陈恕（Eileen Chen Lin）在2011年接受温哥华华语电视台OMNITV采访视频：https://www.youtube.com/watch?v=FP1c-qOUsmk。

保存得较少,在香港科技大学图书馆保存得较多。①林达光夫人陈恕于 2008 年将与林达光有关的图书和历史资料赠送给了香港科技大学图书馆,从此这个馆开设了林达光特别馆藏。而林达光的回忆录 *In the Eye of the China Storm* 是在他去世后的 2011 年,由他的妻子编辑出版的。这本书的中文版本随后也出版了,标题为"走入中国暴风眼"。

林达光在 20 世纪 70 年代初期对中国和加拿大建立外交关系起到了推动作用。他对当时的加拿大总理皮埃尔·特鲁多(Pierre Elliott Trudeau)1970 年到中国访问提出了可贵的建议。他对中美外交关系的恢复也发挥了很大作用。他在他的书中回忆了他是如何为中美双方牵线以促成两国交往的:"1970 年 1 月 12 日,一位先生出现在我蒙特利尔住所的门前。他自我介绍说,他的名字是恩斯特·温特(Ernst Winter),并想找一个安全的地点与我交谈。这样我们就去了附近一个餐馆。他向我透露,他是基辛格的哈佛密友。基辛格现在派他来找我,并转达希望会见中国领导人,以便为尼克松总统访华做准备的秘密消息。我问他是否带有介绍信。他说没有,并且说我必须相信他。然后他告诉我,尼克松对美国国务院没有任何信任感,因此决心通过白宫,由他的安全助理基辛格来执行他的外交政策。当时我想,驻巴黎的中国大使黄镇是唯一能把温特的重要消息传达给中国政府的人。"②林达光通过这个途径与中国取得联系。

1970 年 9 月,林达光来到中国。"我谨慎地向一些中国领导人、政策分析家及学者们介绍了加拿大和美国对中国态度的变化。他们对我的有关基辛格急切盼望在尼克松总统访问之前会晤中国领导人的第一手报告极感兴趣。"③"我的中国之旅的重点是在 1970 年 9 月 20 日得到周恩来总理接见。我一向崇敬周总理,但从未期待或要求过得到这样的荣耀。他知道我在麦吉尔大学教中国历史,并在收集中国现代历史的资料。在那晚的交谈中,他不止一次地提到

---

① 可在以下网址参阅香港科技大学图书馆有关林达光的图书和历史资料。*Paul T. K. Lin Collection*:*A Biographical Sketch of Paul T. K. Lin*(1920—2004). http://library.ust.hk/info/paul-lin/pltk-bio.html.

② *In the Eye of the China Storm*. p. 167.

③ *In the Eye of the China Storm*. p. 172.

基辛格的意愿,当然那正是我去中国的目的。"①在林达光的帮助下,基辛格在1971年7月和10月,两次秘密地访问了中国。这为1972年尼克松破冰之旅的中美高峰会议铺路,并为中美关系正常化奠定了基础。

　　林达光在1982年从麦吉尔大学提前退休之后回到温哥华。他随后在澳门东亚大学担任校长,并在他担任澳门东亚大学校长期间给基辛格和特鲁多总理颁发了荣誉博士学位。②由于他为中加关系发展做出重要贡献,他在1998年被授予加拿大杰出人士勋章(the Order of Canada)。

　　林达光教授为西方了解中国,为中国了解西方,都做出了不懈的努力。

---

　　① *In the Eye of the China Storm*. p. 175.
　　② Paul T. K. Lin Collection: *A Biographical Sketch of Paul T. K. Lin* (1920—2004). http://library.ust.hk/info/paul-lin/pltk-bio.html. Accessed on September 14, 2015.

# 中西文字典溯源

◎费若仁　郑力人①

**摘　要：**

本文回顾了中西文字典从16世纪至19世纪的发展。

**关键词：**

传教士；中西文字典；汉学

## A Saga of Chinese-Western Language Dictionaries

◎　Laurent Ferri　Liren Zheng

**Abstract：**

The article recounts an anecdotic story of the development of Chinese-Western language dictionaries from the 16th century to the 19th century.

**Keywords：**

Chinese-Western language dictionaries; Christian missionaries; Sinology

2015年春，本文两位作者在美国康奈尔大学图书馆举办了一个主题为"中西文字典：沟通两大文明的桥梁"的展览会，介绍康奈尔大学图书馆珍藏的中西文字典及其背景故事。费若仁来自法国，对西方学术史有诸多研究，郑力人来自中国，对西方殖民扩张史、传教史、汉学发展史均感兴趣，于是相互切磋，写就了这篇文字。

---

①　费若仁，美国康奈尔大学图书馆18世纪前文献特藏部主任；郑力人，美国康奈尔大学东亚馆馆长。

编纂中西文字典的历史长河中,溯源首功当归天主教的传教士,汉学家继之,新教传教士再继之,外交官兼语言学者再再继之。16世纪中叶,随着葡萄牙窃据中国澳门,西班牙占据菲律宾,天主教传教士取得了立足点,为便于在中国传教,开始编纂字典,是为中西文字典之滥觞。18世纪,欧洲汉学兴起,开始系统研究中国的语言文化,研究作为编纂字典基础的汉语文法和音韵。然而在中国本土,由于"礼仪之争",清政府全面禁天主教,驱逐传教士,字典发展缓滞。19世纪是中西文字典发展的黄金岁月,大型中西文字典在欧洲和中国横空出世,方言字典泉涌,第一部由中国人编纂的中西文字典诞生,以威妥玛—翟理斯系统为基础的翟理斯字典建立了拼音典范。本文即循上述发展脉络,分节叙述。

## 一

葡萄牙和西班牙是西方最早探索新航路,力图建立殖民霸权的国家。在其争霸过程中,1493年罗马教皇亚历山大六世为两国划下一条平分势力范围的分界线,线东为葡萄牙势力范围,线西为西班牙势力范围,此即著名的"教皇子午线"。据之,葡萄牙便向东扩张,1557年窃据了中国的澳门。此时在东方最活跃的天主教传教团体是耶稣会,在葡萄牙的支持下,澳门随即成为天主教耶稣会向中国传教的出发基地。[①]

耶稣会是天主教会的男修会之一,1534年成立于巴黎,主要目的是对抗宗教改革,欲入耶稣会必须接受经年累月的考验和严苛训练。[②] 耶稣会成立不

---

[①] 从宗教史角度看,最早传入中国的基督教教派为景教,亦即源于叙利亚东方亚述教会的聂斯脱里教派。唐贞观九年(635),唐太宗李世民在长安接见携带经书的大德阿罗本,为景教传入中国的最早确切记载。1625年西安出土"大秦景教流行中国碑",记述了景教在中国的早期历史。唐代,景教与祆教、摩尼教并称"三夷教"。1278年罗马教皇阁三世致信忽必烈,并遣弗朗西士会教士5人到中国传教;1289年教皇尼阁四世再派方济各会教士数人来华,为天主教教会与中国的最初接触。元朝的基督徒,包括景教与天主教被统称为"也里可温"。见:冯承钧著,《景教碑考》,上海:商务印书馆,1935;朱谦之著,《中国景教》,北京:人民出版社,2003;林悟殊著,《中古三夷教辨证》,北京:中华书局,2005。

[②] 耶稣会目前有约两万名成员,分布超过112个国家,现任教皇方济各是首位出身于耶稣会的教宗。

久，创会成员之一的沙勿略（Francis Xavier，1506—1552）就到了印度和日本，但未进入中国本土，1552年于广东的上川岛去世。然而耶稣会向中国传教的努力并未就此止步，据美国学者David E. Mungello的统计，从沙勿略去世的1552年至1800年，总共有920名耶稣会传教士赴华传教，[1]其中包括著名的利玛窦（Matteo Ricci，1552—1610）、汤若望（Johann Adam Schall von Bell，1591—1666）、南怀仁（Ferdinand Verbiest，1623—1688）等。

利玛窦1552年出生于意大利，1583年来华，是天主教在中国传教的重要开拓者之一。他钻研并通晓儒学经典，自称"西儒"，同时又传播西方天文、数学、地理等科技知识，绘制了中国历史上第一幅世界地图——《坤舆万国全图》，与徐光启（1562—1633）合译了《几何原理》。缘于对中国文化的深刻了解，他在传教中容许中国教徒继续祭天、祭祖、祭孔的传统，认为中国人信念中的"天"和"上帝"本质上与天主教信仰的"唯一真神"并无分别，没有违反天主教教义，他的主张被称为"利玛窦原则"（Ricci's policy of accommodation）。

利玛窦在编纂字典方面的重要贡献是他与另一位意大利耶稣会传教士罗明坚（Michele Ruggieri，1543—1607）合纂了现存于世的第一部中西文字典——《葡汉字典》（Dicionário Português-Chinês）（图1）。这部字典是利玛窦和罗明坚在广东肇庆费时5年（1583—1588）编纂成的，

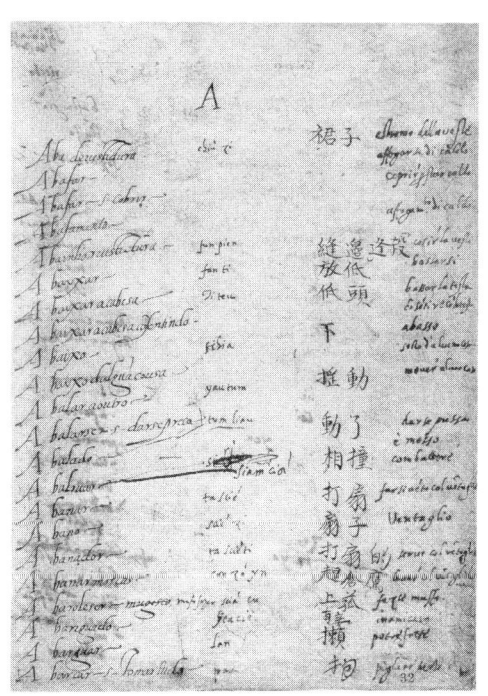

图1 《葡汉字典》

---

[1] David E. Mungello, *The Great Encounter of China and the West*, 1500 - 1800(Lanham, M& Littlefield, 2005).

他们的工作得到一名澳门土生的耶稣会华人信徒钟鸣仁（Sebastiano Femandez，1562—1621）的协助。整部字典以手书誊写，189 页，总计 6600 个葡文词条。每页有 4 个竖栏，首个竖栏为葡文，按拉丁字母词序排列；第二个竖栏为罗马拼音；第三个竖栏为对应中文；第四个竖栏为对应意大利文。1598 年，另一位意大利耶稣会传教士郭居敬（Lazzaro Cattaneo，1560—1640）协助利玛窦修定了该字典。利玛窦去世后，耶稣会法国传教士金尼阁（Nicolas Trigault，1577—1628）把字典原稿带回罗马，由罗马耶稣会档案馆收藏，但档案馆阴阳差错地把它存放于别的卷宗里。1934 年，曾在耶稣会办的上海震旦大学和罗马格雷戈里大学任教的德礼贤（Pasquale D'Elia，1890—1963）终于发现了字典原稿，并将其曝光于世。

在《葡汉字典》里，利玛窦首先开启了以拉丁文注音中文的先河，此即将拉丁文母互相结合，上加记号，来注一切汉字的读音。沿袭利玛窦所创的注音体系并加以修改，1626 年金尼阁在中国学者王徵（1571—1644）的协助下，编纂了三卷《西儒耳目资》。（图 2）金尼阁编纂此字典的主要目的，是帮助来华的传教士认读汉字。全书共分三卷：第一卷《译引首谱》是总论，第二卷《列音韵谱》是从拼音查汉字，第三卷《列边正谱》是从汉字查拼音。由于这一拼音体系是利玛窦首创，金尼阁予以改良，人们便称其为"利—金拼音方案"，可视为最早的汉语拼音方案。但在此后的两三百年

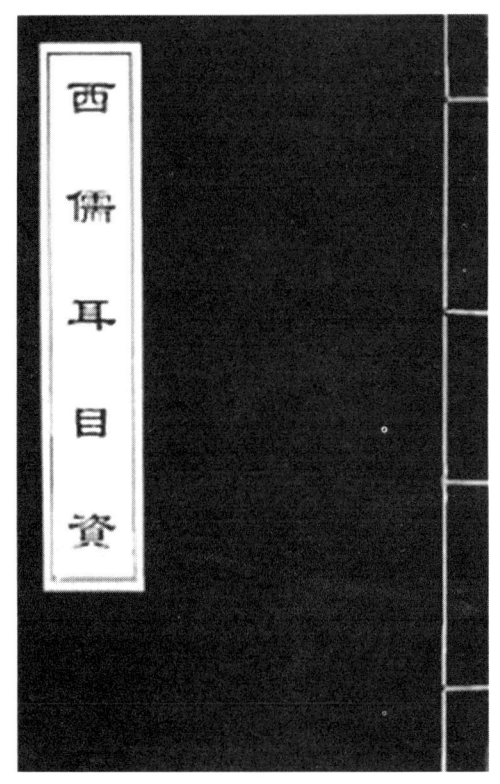

图 2 《西儒耳目资》

间,"利—金拼音方案"只是在外国传教士中流行,并没有在中国人当中被广为采用①

在中西文字典的起步阶段,在华的耶稣会传教士编纂了十来部中西文字典,包括西班牙耶稣会传教士彼得勒斯·奇里若(Petrus Chirino,1557—1635)编纂的《汉西字典》(*Dictionarium Sino-Hispanicum*),②葡萄牙耶稣会传教士费奇观(Gaspard Ferreira,1571—1649)编纂的《汉葡字典》(*Diccionario da lingua Chinese e Portugueza*),葡萄牙耶稣会传教士曾德昭(Alvarus de Semedo,1585—1658)编纂的《汉葡—葡汉字典》(*Dictionarium sinico-portugallicum et portugallico-sinicum*),③奥地利耶稣会传教士恩里格(Christian Wolfgang Herdtrich,1625—1684)编纂的拉汉字典《文字考》(*Dictionarium latino-sinicum*),法国耶稣会传教士白晋(Joachim Bouvet,1656—1730)编纂的《汉法字典》(*Petit vocabulaire chinois-francais*),④法国耶稣会传教士巴多明(Dominique Parrenin,1665—1741)编纂的《汉拉字典》(*Petri Danetii Lexicon Latinum,Sinice conversum*),法国耶稣会传教士赫苍璧(Joseph Henry de Premare,1666—1736)编纂的《拉汉字典》(*Dictionarium latino Sinicum*),⑤法国耶稣会传教士皮埃尔·福里奥(Pierre Foureau,1700—1749)编纂的《汉语字典》(*Petit Dictionnaire Chinois*),法国耶稣会传教士皮埃尔·德伊卡默尔(Pierre d'Incarville,1706—1757)编纂的《法汉字典》(*Dictionnaire Francois-Chinois*),德国耶稣会传教士魏继晋(Florian Joseph Bahr,1706—1771)编纂的《汉拉法葡意德字典》(*A compose un dictionnaire*

---

① Liam M. Brockey. *Journey to the East:The Jesuit mission to China*,1579—1724,Cambridge,M.A.:Harvard University Press (2007).

② 这部字典实际上是珀鲁斯·琦里若根据旅居于菲律宾的华人所说的闽南话方言所编纂的,见 *Missionary Linguistics IV / Lingüística misionera IV:Lexicography. Selected papers from the Fifth International Conference on Missionary Linguistics*,Mérida,Yucatán,March 14—17,2007.

③ 曾德昭还撰有《大中国志》(*Relacao Da Grande Monarquia Da China*)并翻译了"大秦景教流行中国碑"。

④ 白晋受法王路易十四派遣来中国传教,曾奉康熙命测绘《皇舆全览图》。

⑤ 赫苍璧第一个翻译了《赵氏孤儿》(*L'Orphelin de la Maison de Tchao*)。

dont on a beaucoup parle：*chinois-latin-francais-portugais-italien-allemand*），葡萄牙耶稣会传教士路易斯·杜·加德（Louis du Gad，1707—1786）编纂的《汉拉字典》(*Dictionnaire chinois-latin*)。

另外，值得一提的是波兰耶稣会传教士卜弥格（Michael Piotr Boym，1612—1659），在他去世后的 1667 年和 1670 年分别出版的《汉拉字典》和《汉法字典》。卜弥格是早期汉学的重要奠基人，著述颇丰，他在所著的《中国拉丁地图册》和《中国植物志》中以中文和拉丁文来注明地名和植物名。(图 3) 卜弥格还是研究马可·波罗的先驱，确认了马可·波罗书中提到的地方和山川河流的中文名称。卜弥格所纂的字典被认为是最早在欧洲出版的中西文字典。①

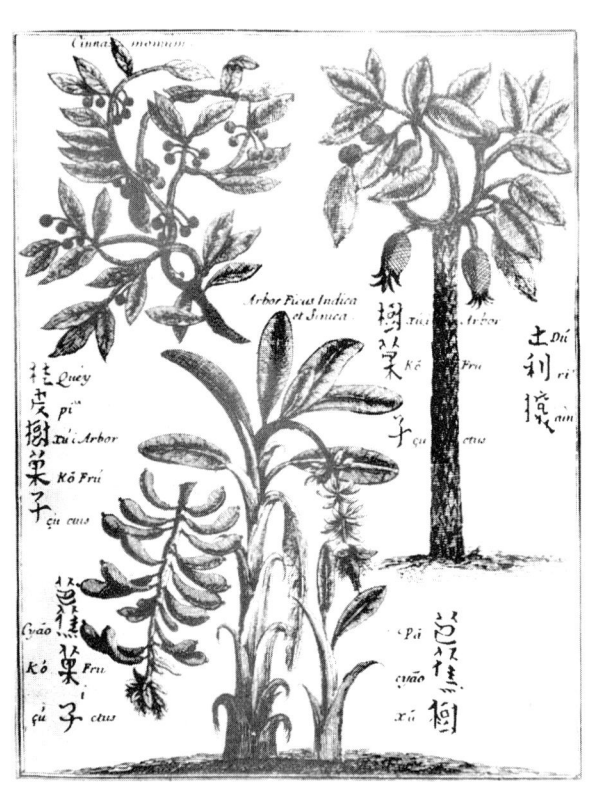

图 3 《中国植物志》

---

① Boleslaw Szczesniak. "The Beginning of Chinese Lexicography in Europe with Particular Reference to the Work of Michael Boym (1612—1659)" in *Journal of the American Oriental Society*, no. 67, pp. 160 – 165, Ann Arbor：American Oriental Society (1947). Boleslaw Szczesniak. "The First Chinese Dictionary Published in Europe" in *Semi-centennial Volume*, *American Oriental Society (Mid West Branch)*, 2.17, Bloomington：Indiana University Press (1969).

## 二

"教皇子午线"划定后,西班牙向西扩张,绕地球一圈,1571年占据吕宋岛,以西班牙国王菲利普二世的名字命名该殖民地——菲律宾。最先抵达菲律宾的天主教修道会是奥斯定会(即托钵修会)。1575年奥斯定会的马丁·德·拉达(Martin de Rada,1533—1578)访问了厦门,去了著名的安平桥。在菲律宾,拉达根据菲律宾华人通用的闽南方言编纂了一部字典 *Arte y Vocabulario de la lengua China*。按时间算,拉达的字典早于利玛窦和罗明坚在1583—1588年间所纂的字典,所以可视为第一部中西文字典,但这部字典已佚失。①

在西班牙统治下的菲律宾,势力最大的天主教修会是多明我修会(即道明会),其次才是方济各会、奥斯定会、本笃会等,这些修会以菲律宾为跳板向中国传教,为达成此目的,也编纂了不少中西文字典。其中,由多明我修会编纂的有西班牙传教士麦古尔·德·本纳迈德(Miguel de Benavides,1552—1605)的《汉语字典》(*Vocabulario Sinico*),西班牙传教士高母羡(Juan Cobo,1546—1592)的《汉语字典》(*Vocabulario Chino*),西班牙传教士多明哥·德·聂瓦(Domingo de Nieva,?—1606)的《汉语字典》(*Dictionarium Sinicum Streit*),西班牙传教士黎玉范(Juan Bautista de Morales,1597—1664)的《汉语字典》(*Vocabulario China*),西班牙传教士佛兰西斯·迪亚士(Francisco Diaz,1606—1646)的《汉语字典》(*Diccioario de Lengva Mandarina cuvo primer*),西班牙传教士万济国(Francisco Varo,1627—1687)的《华语官话词典》(*Vocabalario da Lengoa Mandarina*)。②

方济各修会编纂的字典有意大利传教士叶尊孝(Basilo Brollo da Gemona

---

① 见 *Missionary Linguistics IV / Lingüística misionera IV*:*Lexicography. Selected papers from the Fifth International Conference on Missionary Linguistics*,Mérida,Yucatán,March 14—17,2007.

② 万济国在1670年编纂了《华语官话词典》,他也撰写了一本汉语语法书(*te de la lengua mandarina*)。

del Friuli，1648—1704）的《汉字西译》(*Dictionarium sinico-latinum*),①（图4）西班牙传教士旺·佛兰德次（Juan Fernandez，1655—1735）的《汉西字典》(*Diccionario Chinico-espanol*)，意大利传教士康和子（Carolus Horatii a Castorano，1673—1755）的《拉意汉字典》(*Dictionarium latino-italico-sinicum*)，法国传教士罗广祥（Nicolas-Joseph Raux，1754—1801）的《汉语字典》(*Dictionnaire chinois*)。

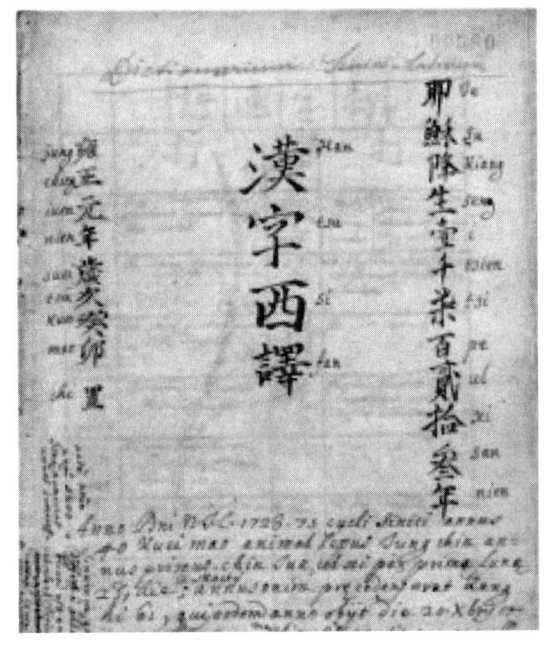

图4 《汉字西译》

奥斯定会编纂的字典则有法国传教士白万乐（Alvaro de Benavente，1646—1709）的《汉语字典》(*Vocabulario de la lengua China*)和西班牙传教士白多玛（Tomas Ortiz，1668—1742）的《汉语字典》(*Vocabulario de la lengua Mandarina*)。

在此期间，荷兰新教传教士贾斯特斯·赫缪斯（Justus Heurnius，1587—1652）为了向居住在东印度群岛（今印度尼西亚）的华人传教，也在巴达维亚（今雅加达）编纂了一部《荷拉汉字典》(Dictionarium Chinense, hoc. est, Lingua Belgica juxta Alphabeti ordinem, & Latin & Mandarinice)。②

---

① 叶尊孝在1692—1699年用了8年时间编纂汉拉词典。
② Leendert J. Joosse：" Heurnius, Justus," in *Biographical Dictionary of Christian Missions*, ed. Gerald H. Anderson（New York：Macmillan Reference USA，1998）.

## 三

对于欧洲人,中国曾经是一个很神秘的国度,中国的文字更是难解的谜。西方的书上首次出现汉字是 1586 年,西班牙僧侣冯·巩札叻·德·门多札(Juan González de Mendoza, 1545—1618)在所著的《强大的中央王国的历史及其它》(*Historia de las cosas más notables, ritos y costumbres del gran reyno de la China*)一书上印了汉字。门多札本人没去过中国,是根据去过中国的西班牙旅行者的叙述撰写成书的。

1613 年法国的语言学家克劳迪·杜雷(Claude Duret, 1570—1611)在所撰的《所有语言的历史》(*Trésor de l'histoire des langues de cet univers*)一书中借用了门多札书上的汉字。(图 5)杜雷声称,根据《圣经》,人们原来使用同一种语言,但上帝发现他们要建造一座通天的巴比伦塔,就变乱他们的语言,使他们不可能齐心合力。他的证据是阿拉伯文字的书写是从右到左,欧洲人则从左到右,中国人从上到下,墨西哥人则从下到上,不同书写习惯构成了一个文字十字架,也就透露了上帝的意图。他在书后的附录上列了已知的所有语言,包括走兽和鸟类的语言。

学习中国文字的艰难对中西文化的交流构成了巨大的障碍,然而随着传教士的东来,通过书信和著述,

图 5 《所有语言的历史》里的汉字

将他们所获得的有关中国的历史、语言、宗教、哲学、文学的信息传往西方,引起了欧洲知识界对中华文明的极大兴趣。比如意大利耶稣会传道士卫匡国(Martino Martini,1614—1661),作为著名的地理学家、历史学家、神学家和汉学家,他来华后对中国的史地做了深入的研究,在实地精密测量的基础上,参照陆应旸(1572—1658)的《广舆记》和利玛窦等的研究成果,在1655年出版了《中国新地志》(Novus Atlas Sinensis),被推崇为西方"研究中国地理之父"。历史方面,他在1654年撰写《鞑靼战纪》(De Bello Tartarico Historia),记载了清军入关后的明清战史,又在1658年完成了《中国历史概要》(Sinicæ Historiæ Decas Prima),记述了从盘古开天到耶稣诞生前夕的中国上古历史。宗教史方面,他在1654年撰写了《中国耶稣会教士纪略》(Brevis Relatio de Numero et Qualitate Christianorum apud Sinas),记述了来华传教士的活动。经过对中国的文字学和汉语语法下苦功钻研后,他在1652—1653年间撰写了《中国文法》,这是欧洲第一部关于汉语语法的书,是早期欧洲学者研究中国语言不可或缺的工具书。

18世纪的欧洲正值启蒙时期,早期启蒙代表人物包括写《中国孤儿》(L'orphelin de la Chine)的伏尔泰(François-Marie Arouet or Voltaire,1694—1778),著有《中国来信》(Novissima Sinica)的莱布尼兹(Gottfried Wilhelm Leibniz,1646—1716),发表"新科学"(Scienza Nuova)的沃尔夫(Giovan Battista Vico,1668—1744),为抨击教权的桎梏,都推崇中国,盛赞中国以伦理而非教义治国的理性,这种气氛下,研究中国文化的汉学便应运而生了。在欧洲研究汉学的中心巴黎,1668年皇家图书馆的中文藏书仅19本,到1730年中文藏书激增至3000余本,而此时全馆藏书也不过30000余本(其中7000余本是手稿)。皇家图书馆曾雇一个来自中国福建莆田的外方教会信徒黄嘉略(Arcadius Huang,1679—1716)来编书目。[①]

然而当汉学在欧洲欣欣向荣时,中西文字典的编纂工作在中国却裹足不前,肇因是发生在中国的"礼仪之争"。[②] 前文曾提及天主教的耶稣会在葡萄牙

---

① 许明龙:"中法文化交流的先驱黄嘉略",《社会科学战线》,1986,No.3。
② 李天纲:《中国礼仪之争:历史,文献和意义》,上海:上海古籍出版社,1998。

的支持下,以澳门为基地向中国传教;天主教其他修会则在西班牙的支持下,以菲律宾为跳板向中国传教。在角力中国的竞争中,耶稣会明显占了上风,不仅许多士大夫如徐光启等加入了耶稣会,利玛窦等进入宫廷,汤若望甚至被顺治皇帝封为正一品的"光禄大夫"。对比之下,多明我修会、方济各修会等仅能在远离中国政治中心的闽、浙、台湾等地发展,成员也多来自下层社会。多明我修会等便攻击耶稣会,指责其奉行的容许中国教徒继续祭天、祭祖、祭孔的"利玛窦原则"违反天主教教义,并向罗马教廷报告,结果罗马教廷开始介入。几经争执后,1704 年教皇克雷门十一世(Pope Clement XI,1649—1721)颁布教谕,禁止祭天、敬孔、敬祖。① 作为反制,1724 年雍正皇帝则在全国查禁天主教,除宫廷里仍留用一批耶稣会士如意大利画家郎世宁(Giuseppe Castiglione,1688—1766),其余均驱除出境,嘉庆、道光两朝继续执行禁教政策,天主教只能在地下发展。

这期间欧洲的汉学主要集中在将中国典籍译成西文,研究中国的哲学、礼仪、历史年表、考古发现,甚至探讨中国文字是否源于古埃及的文字,但仍有学者在积极准备字典的编纂工作,其中以德国汉学家贝尔(Theophilus Siegfried Bayer,1694—1738)和法国汉学家傅尔蒙(Etienne Fourmont,1683—1745)最为突出。贝尔曾任俄国圣彼得堡帝国科学院的拉丁文和希腊文教授,他通过与在北京的耶稣会传教士的通讯以及大量搜集有关中国的书籍,积累了大量的资料,1730 年他出版了《中国大观》(*Museum Sinicum*)一书,对中国的语言文化、语法文字、官话方言、孔子哲学,甚至度量衡制度都有论述。他为编纂一部汉拉字典做了准备,去世前已积累了 33 卷手稿,内含 50000 个汉字。傅尔蒙曾任巴黎皇家文学院阿拉伯语教授,也是路易十四的顾问,著有《中文深思》(*Meditationes Sinicae*)和《中国官话》(*Linguae Sinarum mandarinicaehierogliphicae grammatica duplex*)。② 傅尔蒙准备编纂一部汉拉字典,中文按笔画安排;他为此定制了 80000 个汉字铅模,但他自己没用上就去世了,留下 8732 页手稿。傅尔蒙的字模被用于印刷 1813 年出版的第一部

---

① 1939 年,教宗庇护十二世(Pope Pius XII,1939—1958)宣谕允许祭孔祭祖。
② 赵继明、伦贝:"早期欧洲汉学线索",《文史哲》,1998 年 04 期。

汉法拉字典。

## 四

19世纪迎来了编纂中西文字典的黄金时代。首先是两部大型中西文字典,即法国汉学家小德金(Chrétien-Louis-Joseph de Guignes,1759—1845)的《汉法拉字典》(*Dictionnaire chinois-francais et latin*)和英国伦敦传道会牧师马礼逊(Robert Morrison,1782—1834)的《华英字典》(*A Dictionary of the Chinese in Three Parts*),分别在法国和中国出版。

《汉法拉字典》是奉拿破仑(Napoléon Bonaparte,1769—1821)之命编纂的,1813年在巴黎出版。(图6)拿破仑一直对世界的三大古文明(埃及,罗马,中国)感兴趣,曾比喻中国为睡着的狮子,一旦醒来将震撼世界。他在1801年接见了最初提议由国家赞助编纂大型汉法拉字典的意大利汉学家哈盖尔(Giuseppe Hager,1757—1819),但哈盖尔未能胜任,1805年被辞,由小德金接任。小德金的父亲老德金(Joseph de Guignes,1721—1800)也是汉学家,法兰西文学院院士,曾提出中国原为埃及的殖民地,埃及的象形文字与汉字有亲缘关系等观点,引起很大的争议,但他也正确指出了入侵罗马帝国的匈人即中国史书上的匈奴。小德金从小跟父亲学中文,1784年随上文提及的方济各修会传教士罗广祥来华,任法国

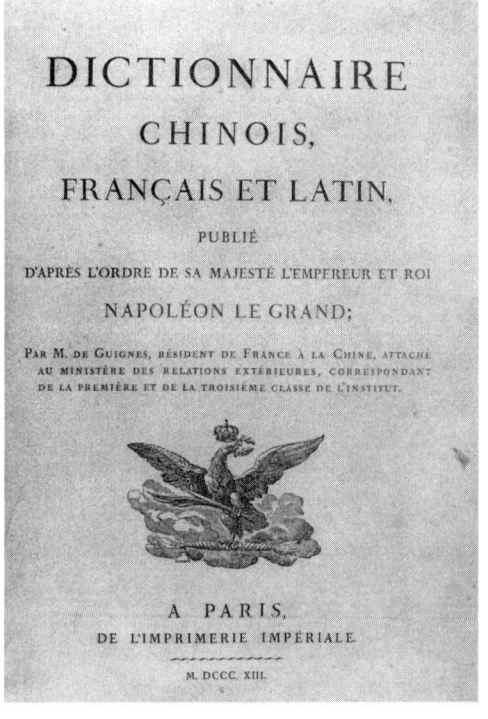

图6 《汉法拉字典》

驻广州领事馆随员。1794年任荷兰驻华使节蒂进(Isaac Titsingh, 1745—1812)的翻译, 次年随蒂进代表荷兰东印度公司赴京觐见乾隆皇帝, 庆贺乾隆登基60周年, 1801年返回法国。小德金的《汉法拉字典》实际上在很大程度上是照抄存于梵蒂冈的意大利方济各会传教士叶尊孝在1692至1699年间编纂的《汉拉词典》的原稿, 不同的是叶尊孝的字典按发音排列, 而小德金的字典按汉字笔画排列。

《华英字典》由马礼逊在1815年至1823年之间陆续出版。(图7)马礼逊1807年来华, 以英国东印度公司译员的身份常驻广州。他认为他的使命是向占世界人口三分之一的中国人传教, 而要帮助其他传教士更好地传教, 就需要一部好的华英字典。马礼逊的字典编纂工作得到东印度公司的赞助, 字典在东印度公司的澳门印刷厂印制, 首印750部。马礼逊编纂《华英字典》主要参考《康熙字典》、《分韵》、《佩文韵府》, 以及小德金的《汉法拉字典》。字典分三部分, 第一部分称《字典》, 按汉字笔画部首排列词条, 汉英对照, 书后有字母索引; 第二部分称《五车韵府》, 根据汉字音韵按英文字母编排; 第三部分称《英汉字典》, 英汉对照, 例句都有汉译。

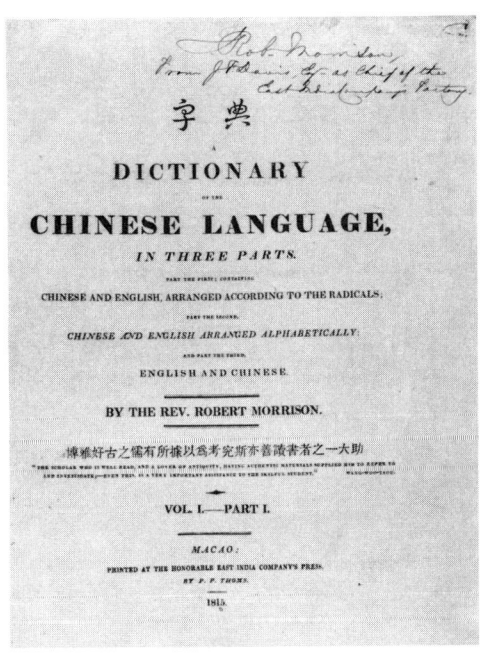

图7 《华英字典》

《华英字典》拥有如下几个"第一"。首先, 它是世界上第一部英汉-汉英对照字典; 第二, 它是中国第一部横排的字典; 第三, 它是中国境内最早使用西方铅合金活字排印的中文书籍; 第四, 它是中国最早的同类型同音字典。此外, 该字采用官话拼音, 但也附上广州方言和官话的音节对照表。① 除《华英字典》外，马礼逊还全文翻译了《圣经》——《神天圣书》，参与创办世界上第一份以华人为对象的中文近代报刊——《察世俗每月统记传》，参与编辑在中国出版的第一份英文报纸——《广州记录报》，创立近代传教士开办的第一所中文学校——英华书院。

马礼逊的《华英字典》是中西文字典发展史上的一个分水岭，此前字典基本以拉丁文字编纂，来自意大利、西班牙、葡萄牙、法国的天主教传教士扮演了主要角色；《华英字典》之后，字典则主要以英文来编纂，来自英美的新教传教士成了编纂字典的主力。新教六大主流教派，路德宗（信义会）、卡尔文宗（归正会）、安立甘宗（圣公会）、卫斯里宗（循道会）、公理宗（公理会）、浸礼宗（浸信会）的传教士纷纷来华，积极编纂中西文字典。据不完全统计，整个19世纪，有近70部汉英、英汉字典出版。其中重要的有英国伦敦传道会牧师麦都思（Walter Henry Medhurst，1796—1857）编纂的《英汉字典》(*Chinese and English Dictionary: Containing All the Words in the Chinese Imperial Dictionary*)，②美国语言学家、汉学家、外交家、海外传道会牧师卫三畏（Samuel Wells Williams，1812—1884）编纂的《英华韵府历阶》(*An English and Chinese Vocabulary in the Court Dialect*)和《汉英韵府》(*A Syllabic Dictionary of the Chinese Language*)，③德国传教士罗存德（Wilhelm Lobscheid，1822—1893）编纂的《英汉字典》(*English and Chinese Dictionary with the Punti and Mandarin Pronunciation*)，④英国人司登德（George C. Stent，1833—1884）编纂的《汉英合璧相连字汇》(*A Chinese and English Vocabulary in the Pekinese Dialect*)和《汉英袖珍词典》(*A Chinese and English Pocket Dictionary*)，美国公理会传教士卢公明（Justus Doolittle，1824—1880）编纂的《英华萃林韵府》(*Vocabulary and Handbook of the Chinese Language*)，英国伦敦传道会牧师

---

① 图7为康奈尔大学图书馆所藏的《华英字典》。
② 麦都思后来在上海创办了墨海书馆，在王韬协助下译了《圣经》。
③ 卫三畏回美后在耶鲁任教，是美国的第一个汉学教授，他编纂的《汉英韵府》曾是美外交界常用的工具书。
④ 一些学者认为罗存德的《英华字典》代表了19世纪英汉字典的最高水平。但这本字典在中国的影响远不如它在日本所发挥的作用，它是日本明治时期编纂英和辞典的主要参考书。

湛约翰(John Chalmers，1825—1899)编纂的《康熙字典撮要》(*The Concise Kanghsi Dictionary*)。①

此期编纂中西文字典的一个新趋势是方言—西文字典得到极大的重视。中国南方方言众多，广府话、潮汕话、客家话、海南话、闽南话、莆仙话、福州话、江浙话、赣方言基本上无法相互沟通，一般民众教育程度低，识字少，能听讲官话的更少，传教就必须克服方言障碍。为此，新教传教士便编纂了许多方言—西文字典。

方言字典中，以广府话字典的数量为最，包括第二任港督戴维斯(John Francis Davis，1795—1890)编纂的 *A vocabulary, containing Chinese words and phrases peculiar to Canton and Macao*，英国伦敦传道会牧师马礼逊编纂的《广东省土话字汇》(*Vocabulary of the Canton Dialect*)，美国传教士塞缪尔·威廉·邦尼(Samuel William Bonney，1815—1864)编纂的 *A vocabulary with colloquial phrases of the Canton dialect*，湛约翰编纂的《初学粤音切要》(*A Chinese Phonetic Vocabulary*)和《英粤字典》(*An English and Cantonese Pocket-Dictionary*)，卫三畏编纂的《英华分韵撮要》(*Tonic Dictionary of the Chinese Language in the Canton Dialect*)，德国福音教会传教士欧德理(Ernest John Eitel，1838—1908)编纂的 *A Chinese Dictionary in the Cantonese Dialect*，英国汉学家波乃耶(James Dyer Ball，1847—1919)编纂的 *The Cantonese-Made-Easy Vocabulary*。波乃耶还编了《新会方言》(1890)和《东莞方言》(1890)。②

数量仅次于广东话字典的是闽南话字典。前文提过，早在16世纪，天主教奥斯定修会的马丁·德·拉达即在菲律宾编纂了闽南方言字典。19世纪新教传教士又编纂了如下字典：麦都思编纂的《福建土话字典》(*A Dictionary of the Hok-Keen Dialect of the Chinese Language*)和《漳州话字典》(*A Vocabulary of the Hokkeen Dialect as Spoken in the County of Tsheang*

---

① 湛约翰将老子的《道德经》译为英文。
② 波乃耶曾任港府首席翻译官，他还编了《客家方言简易句法》(1881)。

Tshew），①英国伦敦传道会牧师台约尔（Samuel Dyer，1804—1843）编纂的 *Vocabulary of the Hokkien Dialect*，美国归正会传教士罗啻（Elihu Doty，1809—1864）编纂的《翻译英华厦腔语汇》（*Anglo-Chinese Manual with Romanized Colloquial in the Amoy Dialect*）（图8），英国苏格兰传教士杜嘉德（Carstairs Douglas，1830—1877）编纂的《厦英大辞典》（*Chinese-English Dictionary of the Vernacular or Spoken Language of Amoy, with the Principal Variations of Chang-Chew and Chin-Chew Dialects*），②英国伦敦传道会牧师麦嘉湖（John MacGowan，1835—1922）编纂的 *A Manual of Amoy Colloquial* 和 *English and Chinese Dictionary of the Amoy Dialect*。③

图 8 《翻译英华厦腔语汇》

这期间编纂的中西文方言字典还有美国浸信会传教士高德（Josiah Goddard，1813—1854），英国长老会传教士卓为廉（William Duffus）、美国浸信

---

① 麦都思在字典里根据闽南话的特点，将北方官话的 5 个声调增为 8 个声调。他后来在上海创办了墨海书馆，在王韬协助下译了《圣经》。

② 杜嘉德在辞典上将厦门话和漳州话，泉州话做了比较。

③ 麦嘉湖还撰写了《厦门布道团的故事》（*The Story of the Amoy Mission*）。

会传教士斐尔德(Adele Fielde，1839—1916)的《潮汕话字典》，①美国美以美教会传教士摩嘉立(Robert Samuel Maclay，1824—1907)、美国长老会传教士鲍德温(Caleb Cook Baldwin，1820—1911)、美国医疗传教士 T. B. 亚当(T. B. Adam)的《福州话字典》；②美国长老会传教士威廉·马礼逊(William. T. Morrison，1834—1869)的《宁波话字典》，③美国传教士富善(Chauncey Goodrich，1836—1925)的《北京话字典》，④英国语言学家、汉学家、牧师艾约瑟(Joseph Edkins，1823—1905)、美国长老会传教士戴维斯（D.H. Davis)、薛思培(J. A. Silsby) 的《上海话字典》，⑤以及长老会传教士钟秀芝（Adam Grainger) 的《西蜀方言字典》(Western Mandarin，or，The spoken language of western China)。⑥

这一阶段的方言字典出版，最初是由英国东印度公司赞助的，如戴维斯和马礼逊的《广东话字典》，麦都思的《闽南话字典》，此后则主要由英美在中国的传教机构给予支持。以美国长老会布道团出版社（American Presbyterian Mission Press）为例，先后就出版了《广东话字典》、《厦门话字典》、《潮汕话字典》、《宁波话字典》、《上海话字典》、《北京话字典》、《四川话字典》。美以美布道团出版社（Methodist Episcopal Mission Press）也出版了《福州方言字典》。赞助出版方言字典和一般英汉字典的还有英国伦敦传道会出版社（London

---

① Josiah Goddard：*A Chinese and English vocabulary in the Tie-chiu dialect* (1833)；William Duffus：English-Chinese Vocabulary of the Vernacular or Spoken Language of Swatos，1883；Adele Marion Fielde：*First Lessons in the Swatow Dialect* (1878)；Adele Marion Fielde：*A pronouncing and defining dictionary of the Swatow dialect* (1883).

② Robert Samuel Maclay and Caleb Cook Baldwin：*An Alphabetic Dictionary of the Chinese Language in Foochow Dialect* (福州方言华英字母顺序字典/榕腔注音字典)，1870；Caleb Cook Baldwin：*Manual of the Foochow Dialect* (榕腔初学撮要)，1871；T.B. Adam：*An English-Chinese Dictionary of the Foochow Dialect*，1891.

③ W.T. Morrison：*An Anglo-Chinese Vocabulary of the Ningpo Dialect*，1876.

④ Chauncey Goodrich：*A Pocket Dictionry (Chinese-English) and Pekingese Syllabary*，1891.

⑤ Joseph Edkins：*A Vocabulary of the Shanghai Dialect*，1869；D.H. Davis & J.A. Silsby：*Shanghai vernacular：Chinese-English dictionary*，1900.

⑥ Adam Grainger：*Western Mandarin，or，The spoken language of western China*，1900.

Missionary Society's Press)、英国伦敦长老会出版办公室(Publishing Office of the Presbyterian Church of England)、美国圣经协会(American Tract Society),以及中国内地布道团(China Inland Mission)等。

19世纪还见证了第一部由中国人编纂的中英文字典,此即由邝其照(1836—1891)参照马礼逊、麦都思、卫三畏的成果,在1868年编纂的《字典集成》(*A Small English and Chinese Lexicon*)。该字典由香港中华印务总局出版,400页,8000个词条。1887年第三版时,改名为《华英字典集成》(*An English and Chinese Dictionary*)。① 此后,还有谭达轩编纂的《华英字典汇集》(1875),冯镜如编纂的《新增华英字典》(1897),莫若濂编纂的《达辞》(1898),但影响未如邝其照的《字典集成》。这些由中国人自己在19世纪编纂的中英文字典鼓舞了后继者,薪火相传,20世纪初即出现了由清末民初著名外交家颜惠庆(1877—1950)主编、16名专家参与编纂的大型英汉字典——《英华大辞典》。②

19世纪的最后一个亮点是1892年出版的翟理斯(Herbert Allen Giles,1845—1935)编纂的《华英字典》(*A Chinese-English Dictionary*)。翟理斯是英国外交官,汉学家和语言学者,在其外交生涯的25年间,曾被派驻天津、宁波、汉口、广州、汕头、厦门、福州马尾、上海、台湾淡水等领事馆,是地道的"中国通",退休后接任威妥玛(Thomas Wade,1818—1895)担任剑桥大学第二任的中国学教授。威妥玛也是汉学家、语言学者,且是更老牌的"中国通"外交官,驻华长达40年,其中任职英国驻华公使就达13年(1871—1883)。威妥玛是翟理斯的上司,然翟理斯桀骜不驯,常持不同观点,给英外交当局造成难堪,因而屡被调职。但这不妨碍翟理斯对其老对手威妥玛所创造的"威妥玛罗马注音系统"加以改进,发展成为"威妥玛-翟理斯拼音系统"(Wade-Giles System),广泛地用于拼写汉语的人名地名。翟理斯的《华英字典》即采用了威妥玛-翟理

---

① 1875年邝其照被指定为教习,随清政府派遣的第四批幼童赴美。1881年邝其照编纂了中国第一本《英文成语词典》(*A Dictionary of English Phrases with Illustrative Sentences*)。参见:*Evangelical Christendom*:*Christian Work and the News of the Churches*(London:The Evangelical Alliance),Vol.33(July 1879),p.205.

② 《英华大辞典》由商务印书馆在1908年出版,3000余页,12万个词条。

斯拼音系统来编纂,此后大部分的英汉字典都延续了这一传统,翟理斯的《华英字典》成了英汉字典界常被引用的"locus classicus"(权威)。1958年中华人民共和国采用了"汉语拼音方案",威妥玛－翟理斯拼音系统逐渐被取代。[①]

## 结语

从16世纪在菲律宾的马丁·德·拉达和在中国广东肇庆的利玛窦开始编纂中西文字典,历经300余年,天主教传教士、新教传教士、汉学家、外交官兼语言学者都作出了卓越的贡献。在这漫漫长途上,群星闪烁,笔者为撰写这篇文章,查阅了每一个字典编纂者(金尼阁,费奇观,曾德昭,恩里格,白晋,巴多明,赫苍璧,魏继晋,卜弥格,高母羡,黎玉范,万济国,叶尊孝,康和子,罗广祥,白万乐,白多玛,贝尔,傅尔蒙,小德金,马礼逊,麦都思,卫三畏,罗存德,司登德,卢公明,湛约翰,欧德理,波乃耶,台约尔,罗啻,杜嘉德,麦嘉湖,高德,卓为廉,斐尔德,摩嘉立,鲍德温,艾约瑟,戴维斯,薛思培,钟秀芝,富善,邝其照,翟理斯)的传记,不禁为他们的献身精神而深深感动,正是他们呕心沥血的工作,构建了跨越中西文明的桥梁。

---

[①] 1958年以后,海外华语地区如新加坡等也逐渐采用汉语拼音,2000年美国国会图书馆将其编目系统从威妥玛－翟理斯拼音系统转为汉语拼音系统,2009年中国台湾也采用了汉语拼音为译音标准。

# 中国研究图书馆员学会章程

## 一、宗旨

中国研究图书馆员学会（以下简称"学会"）是一个在美国注册的非盈利、非政治的学术组织。其宗旨在于为海内外的中国研究图书馆员提供一个开展学术活动、交流专业经验、共享信息资源、促进合作的平台，借此推动以文献资源研究为主的中国研究的发展。

## 二、成员

1. 学会由中国研究图书馆员或非中国研究图书馆员但有兴趣从事中国文献资源研究者志愿加入组成。

2. 学会成员缴纳一次性入会费180美元，无年费。

3. 学会会员享有参加学会活动、决定会务、选举和担任职务的权利。所有会员地位平等，机会均等。

## 三、组织结构

1. 学会由执委会和下属五个委员会组成。执委会含主席和六名执委。主席负责全面工作，执委分任执行长和委员会主任。

2. 执委会候选人可自荐或推荐，经会员投票当选，任期两年。得票最多的当选执委为主席，主席不能连任。执委连任最多不超过两届。

3. 当选主席委派当选执委分任执行长，总务委员会、学术委员会、专业委员会、信息委员会和学刊委员会主任。委员会主任邀请学会会员任各委员会委员。委员会人数不限。

4. 执行长协助主席处理全面工作，总务委员会负责财务、会员入会、选举、年会等事务，学术委员会负责各项学术活动，专业委员会负责专业交流与合作，信息委员会负责网站、会员通讯和数据库建设，学刊委员会负责学刊编辑和出版。

5.学会力求发挥所有会员的积极性。在本人同意的前提下,学会将邀请所有会员加入不同的委员会。

6.学会设立顾问委员会。顾问人选由执委会决定,任期两年,可以连任。

**四、学会活动**

1.学会每年举办一次年会。年会由总务委员会和年会举办地的会员共同组织。年会内容包括工作总结、未来规划、会务讨论和联谊活动。

2.学会的学术活动由学术委员会负责,主要为合作研究项目和举办学术会议。研究项目由会员个人提议,学术委员会立项配合。学术会议可由学会单独组织,亦可与其他团体共同举办。

3.专业委员会协调学会的各项专业活动,包括学会会员的业务交流、组团出访、对外讲学等活动。

4.信息委员负责设立与维护学会网站、发行会员通讯、编辑会员名录,并建立和更新数据库。

5.学会的会刊为《天禄论丛》,由学刊委员会负责。

6.学会将积极展开与其他学术团体的交流与合作。

**五、章程修订**

本章程的修订需经三分之二以上的会员表决通过。

2010年3月23日于美国宾州费城

# Constitution of the Society for Chinese Studies Librarians

Ⅰ. **Mission**

The Society for Chinese Studies Librarians (the SCSL thereafter), registered in the United States, is a non-profit, non-political academic organization aimed at promoting scholarly activities, professional exchange, information sharing, and project cooperation among Chinese studies librarians, so as to make contributions to China studies in general and to Chinese resources study in particular.

Ⅱ. **Membership**

1. The SCSL members are Chinese studies librarians who join the organization of their own free will. The SCSL also accepts applicants who are not Chinese studies librarians, yet possess a strong interest in conducting research on materials related to China studies.

2. The SCSL members pay a one-time entry fee of $180 to be officially affiliated with the organization. No annual membership fee is required.

3. The members enjoy the privileges of participating in SCSL activities, playing a role in decision-making, voting in important matters, and serving as officials of the organization. All members are entitled to equal rights and equal opportunity in the organization.

Ⅲ. **Organizational Structure**

1. The SCSL is composed of a board of directors and five working

committees under the board of directors. The board of directors is made up of the president and 6 board directors. The president is in charge of general SCSL affairs. The 6 board directors assume the positions of Executive Director and chairs of 5 working committees respectively.

2. The SCSL members can self-nominate or nominate others for candidacy for the board directorship. The election of the board directors is decided by a vote of all of the members. The tenure of the board directors is two years. The elected board director who receives the most votes will serve as the SCSL president. The SCSL president can serve only one term; the board directors can serve for a total of no more than two consecutive terms.

3. The president-elect assigns the board directors-elect to be the general secretary or to chair a working committee. There are a total of 5 working committees, i. e. the committee for general affairs, the committee for scholarly activities, the committee for professional activities, the committee for information exchange, and the committee for the SCSL journal. The committee chairs will in turn invite the SCSL members to join the working committees. There is no limit for the size of each committee.

4. The Executive Director assists the president for general SCSL affairs. The committee for general affairs is responsible for the SCSL finances, new member admissions, elections, and annual membership meetings. The committee for scholarly activities is responsible for academic events. The committee for professional activities is responsible for professional cooperation and outreach. The committee for information exchange is responsible for the SCSL website, newsletters, and database construction. The committee for the SCSL journal is responsible for the publication of the society journal.

5. The SCSL encourages the full participation of all members. On the premise of personal agreement, the SCSL will invite all members to join one of the five committees.

6. The SCSL sets up an Advisory Committee with its members decided by the board of directors. The term for an advisor is two years, and could be reappointed as the board sees appropriate.

## Ⅳ. Activities

1. The SCSL holds a membership meeting once a year. The annual meetings are jointly organized by the committee for general affairs and the local members of the cities where the annual meetings will be held. The agenda of the annual membership meeting includes work reports, future plan reviews, general affair discussions, and member networking.

2. The committee for scholarly activities is responsible for organizing the SCSL academic activities, including cooperative research projects and academic conferences. Research projects may be initiated by individual members, and approved and coordinated by the committee for scholarly activities. Academic conferences may be held independently by the SCSL or in cooperation with other organizations.

3. The committee for professional activities coordinates professional activities among the SCSL members, including but not limited to professional exchanges, overseas visits, lectures and workshops.

4. The committee for information exchange is responsible for setting up and maintaining the SCSL website, publishing newsletters, compiling the SCSL member directory, and constructing and updating databases.

5. The *Tianlu Luncong* is the academic journal officially published by the SCSL. The committee for the SCSL journal is responsible for its publication.

6. The SCSL actively seeks cooperation and partnership with other academic organizations.

## Ⅴ. Revision of the Constitution

Any revisions to the constitution must be voted and approved by two thirds of the SCSL members.

March 23, 2010, Philadelphia, PA, United State of America